CÓMO TENER
RELACIONES GRATIFICANTES,
GANARSE LA CONFIANZA DE LOS DEMÁS
E INFLUIR EN LA GENTE

DALE CARNEGIE

CÓMO TENER RELACIONES GRATIFICANTES, GANARSE LA CONFIANZA DE LOS DEMÁS E INFLUIR EN LA GENTE

Urano

Argentina – Chile – Colombia – España
Estados Unidos – México – Perú – Uruguay

Título original: *How to Have Rewarding Relationships, Win Trust, and Influence People*
Editor original: JMW Group Inc.
Traducción: Luz Ventura

1.ª edición Noviembre 2023

ISBN: 978-84-18714-28-3
E-ISBN: 978-84-19699-87-9
Depósito legal: B-16.834-2023

Fotocomposición: Ediciones Urano, S.A.U.
Impreso por: Rotativas de Estella – Polígono Industrial San Miguel Parcelas E7-E8
31132 Villatuerta (Navarra)

Impreso en España – *Printed in Spain*

Índice

Introducción a la serie

Recuerda que la felicidad no depende de quién eres ni de lo que tienes; depende únicamente de lo que piensas. Así que empieza cada día pensando en todas las cosas por las que tienes que estar agradecido. Tu futuro dependerá en gran medida de los pensamientos que tengas hoy. Así que piensa en confianza, amor y éxito.

Dale Carnegie fue un pionero de lo que hoy se conoce como el movimiento del potencial humano. Sus enseñanzas y escritos han ayudado a personas de todo el mundo a convertirse en personas seguras de sí mismas, agradables e influyentes.

En 1912, Carnegie ofreció su primer curso de oratoria en una YMCA de Nueva York. Como en la mayoría de los cursos de oratoria que se impartían en aquella época, Carnegie comenzó la clase con una disertación teórica, pero enseguida se dio cuenta de que los miembros de la clase parecían aburridos e inquietos. Había que hacer algo.

Dale interrumpió su clase y, con toda tranquilidad, señaló a un hombre de la última fila y le pidió que se levantara y diera una charla improvisada sobre sus antecedentes. Cuando el alumno terminó, pidió a otro que hablara de sí mismo, y así sucesivamente hasta que todos en la clase habían dado una breve charla. Con el aliento de sus compañeros y la orientación de Carnegie, cada uno de ellos superó su miedo y dio charlas satisfactorias. «Sin saber lo que estaba haciendo», declaró Carnegie más tarde, «di con el mejor método para vencer el miedo».

Su curso se hizo tan popular que le pidieron que lo impartiera en otras ciudades. Con el paso de los años, fue mejorando el contenido del curso. Se dio cuenta de que los alumnos estaban más interesados en aumentar la confianza en sí mismos, mejorar sus relaciones interpersonales, tener éxito en sus carreras y superar el miedo y las preocupaciones. Esto hizo que el énfasis del curso pasara de la oratoria a tratar estos temas. Las conversaciones se convirtieron en el medio para alcanzar un fin en lugar del fin en sí mismo.

Además de lo que aprendía de sus alumnos, Carnegie realizó una amplia investigación sobre el enfoque de vida de los hombres y mujeres de éxito. Lo incorporó a sus clases. Esto le llevó a escribir su libro más famoso: *Cómo ganar amigos e influir sobre las personas.*

Este libro se convirtió en un *best seller* instantáneo y, desde su publicación en 1936 (y su edición revisada en 1981), se han vendido más de veinte millones de ejemplares. Se ha traducido a treinta y seis idiomas. En 2002, *Cómo ganar amigos e influir sobre las personas* fue nombrado Libro de Negocios número uno del siglo xx. En 2008, la revista *Fortune* lo incluyó entre los siete libros que todo líder debería tener en su estantería.

Su libro *Cómo dejar de preocuparse y empezar a vivir*, escrito en 1948, también ha vendido millones de ejemplares y se ha traducido a veintisiete idiomas.

A lo largo de los años, Dale Carnegie y sus sucesores en la empresa que fundó, Dale Carnegie & Associates, Inc., crearon e impartieron cursos y seminarios, a los que asistieron millones de hombres y mujeres en más de setenta países, y han influido en la vida de hombres y mujeres de todos los niveles de la sociedad: desde trabajadores de fábricas y oficinas, hasta propietarios y gerentes de empresas, pasando por líderes gubernamentales. Entre los graduados de estos programas se encuentran directores generales de grandes corporaciones, propietarios y gerentes de empresas de todos los tamaños y de todas las actividades comerciales e industriales, líderes legislativos y ejecutivos de gobiernos, e innumerables individuos cuyas vidas se han visto enriquecidas por la experiencia.

Dale Carnegie murió el 1 de noviembre de 1955. Una necrológica publicada en un periódico de Washington resumía su contribución a la sociedad: «Dale Carnegie no resolvió ninguno de los profundos misterios del universo. Pero, quizá más que nadie de su generación, ayudó a los seres humanos a aprender a llevarse bien entre ellos, lo que a veces parece ser la mayor necesidad de todas».

Esta serie de libros se ha escrito para familiarizar a los lectores con las enseñanzas de Dale Carnegie. Se basan en los escritos de Dale Carnegie y en la materia presentada en los diversos cursos ofrecidos por Dale Carnegie & Associates, Inc. Para que estos principios sean más significativos y aplicables al lector del siglo XXI, este material se ha ampliado con ejemplos e ilustraciones de la actualidad.

Este es el primer libro de la serie. Los otros libros son:

* *Voz para el éxito - Cómo pensar, actuar y hablar para triunfar*
* *Una vida enriquecida*
* *Superar la preocupación y el estrés*
* *Cómo ser un líder eficaz y tomar decisiones*

ARTHUR R. PELL, doctor en Filosofía, editor

Sobre el editor

Este libro fue compilado y editado por el Dr. Arthur R. Pell, que fue consultor de Dale Carnegie & Associates durante veintidós años y fue elegido por la empresa para editar y actualizar *Cómo ganar amigos e influir sobre las personas*, de Dale Carnegie. También fue autor de *Enrich Your Life, the Dale Carnegie Way* y escribió y editó *The Human Side*, un artículo mensual de Dale Carnegie que se publicó en ciento cincuenta revistas comerciales y profesionales.

Es autor de más de cincuenta libros y cientos de artículos sobre gestión, relaciones humanas y superación personal. Además de sus propios escritos, el Dr. Pell ha editado y actualizado clásicos en el campo del potencial humano como *Piense y hágase rico*, de Napoleon Hill; *El poder de tu mente subconsciente*, de Joseph Murphy; *Como un hombre piensa, así es su vida*, de James Allen; *El sentido común*, de Yoritomo Tashi, y obras de Orison Swett Marden, Julia Seton y Wallace D. Wattles.

Prefacio

Algunas personas son magnéticas: tan alegres, brillantes, anima-
das y atractivas que nunca tienen que forzar o incluso solicitar la
entrada en ningún sitio. La puerta se abre de par en par y se les
invita a entrar. Su sola presencia ejerce una sutil influencia tran-
quilizadora y agradable. Saben persuadir casi sin pronunciar palabra. Son populares en sus grupos sociales y comunitarios y
avanzan rápidamente en sus trabajos y carreras.

Hay un encanto en una personalidad agraciada del que es
muy difícil escapar. Es difícil desairar a la persona que lo posee.
Hay algo en esa persona que te atrae hacia ella y, por muy ocupado o preocupado que estés, o por mucho que te disguste que te
interrumpan, de alguna manera quieres interactuar con esas personas magnéticas.

Es esta cualidad indescriptible, que algunos líderes como Ro-
nald Reagan, Barack Obama y el emperador Akihito de Japón
poseían de forma notable.

¿No te gustaría ser una de esas personas magnéticas? Pues
puedes serlo. El magnetismo personal no es necesariamente
innato; cualquiera que desee desarrollar una personalidad cálida, extrovertida y acogedora puede hacerlo si domina ciertas
técnicas.

Hay personas que son magnéticas por naturaleza, pero, cuando analizas su carácter, descubres que poseen ciertas cualidades
que todos admiramos instintivamente, cualidades que atraen a
todo ser humano, como la generosidad, la magnanimidad, la cordialidad, la simpatía, la amabilidad y el optimismo. No, no tienes

que nacer con las características que te convierten en una persona magnética.

Estos rasgos se adquieren fácilmente si te tomas el tiempo y el esfuerzo necesarios para desarrollarlos. Dale Carnegie y sus sucesores en Dale Carnegie & Associates, Inc. tienen más de noventa años de experiencia ayudando a hombres y mujeres de todas las edades, nacionalidades y niveles de educación a adquirir estos rasgos y ganar y conservar más amigos, avanzar en sus carreras y vivir vidas enriquecidas. Este libro se basa en sus enseñanzas. Entre las habilidades que aprenderás en este libro se encuentran:

- Cómo convertirte en una persona carismática.
- Cómo hacer nuevos amigos y conservar los antiguos.
- Cómo influir en las personas con las que te relacionas creando un entorno de cooperación, colaboración y compañerismo.
- Cómo generar confianza.
- Cómo evaluar y comprender la personalidad de los demás para relacionarse con ellos de forma más eficaz.
- Cómo vender tus ideas, conceptos y sugerencias en el trabajo, en tu trato con familiares y amigos, y con todas las demás personas con las que te relacionas.
- Cómo actuar y reaccionar ante personas difíciles.
- Cómo discrepar sin ser desagradable.
- Cómo entender y dominar tus emociones y comprender las de los demás.

Nuestra personalidad va más allá de nuestro cuerpo. No depende de si somos feos o guapos, educados o incultos. En este libro, aprenderás a perfeccionar la capacidad que todos llevamos dentro de desarrollar esa sutil y misteriosa atmósfera de personalidad que atrae a la gente hacia nosotros y a superar aquellas tendencias que probablemente la alejen.

Emerson dice: «Lo que eres habla tan fuerte que no puedo oír lo que dices». No podemos ocultar lo que somos ni cómo nos sentimos, porque irradiamos nuestra atmósfera, nuestra personalidad; y esta es fría o cálida, atractiva o repelente, según nuestros rasgos y cualidades dominantes.

Las cualidades que atraen son extrovertidas y boyantes; las cualidades que repelen son introvertidas; es decir, las personas que no tienen magnetismo son egocéntricas, piensan demasiado en sí mismas; no dan lo suficiente; siempre están detrás de algo, absorbiendo, recibiendo algún beneficio, tratando de obtener alguna ventaja para sí mismas. Carecen de compasión, cordialidad y buen compañerismo; son personas que «casan mal» con otras.

Los hombres y las mujeres somos imanes humanos. Del mismo modo que un imán de acero que se arrastra por un montón de basura solo saca lo que tiene afinidad con él, también nosotros atraemos y establecemos relaciones constantemente con las cosas y personas que responden a nuestros pensamientos e ideales.

Nuestro entorno, nuestros colegas, nuestro estado general son el resultado de nuestra atracción mental. Estas cosas han llegado a nosotros en el plano físico porque nos hemos concentrado en ellas y nos hemos relacionado con ellas mentalmente; son nuestras afinidades y permanecerán con nosotros mientras la afinidad por ellas siga existiendo en nuestra mente.

Sea cual sea tu negocio, tu reputación y tu éxito dependerán en gran medida de la calidad de la impresión que causes en los demás. Por lo tanto, desarrollar una personalidad magnética y enérgica lo es todo.

Esto no es difícil. Todo el mundo puede cultivar la capacidad de agradar y la fuerza de carácter para convertirse en una verdadera fuerza en el mundo. Conociendo las cualidades y características que distinguen las cualidades magnéticas de las no magnéticas, es comparativamente fácil cultivar las unas y eliminar las otras. Puedes cultivar las cualidades mentales generosas, magnánimas, alegres, serviciales y suprimir sus opuestas. En la medida en que lo consigas, te encontrarás más interesado en los demás y ellos, a su vez, en ti. Te sentirás más bienvenido dondequiera que vayas y más buscado. En otras palabras, si cultivas las cualidades que tanto admiras en los demás, las mismas cualidades que te atraen, te volverás atractivo para los demás. A medida que te impregnes de estas cualidades, te caracterizarán y adquirirás una personalidad magnética y atractiva.

Para ser magnético, hay que enfrentarse a la vida de forma correcta. El pesimismo, el egoísmo, el mal humor, la falta de simpatía y entusiasmo, todo ello tiende a destruir el magnetismo personal. Una persona esperanzada, optimista, alegre, sensata y de gran corazón es la que irradia el tipo de magnetismo personal que todos admiramos, el que llama la atención, el que atrae y retiene a todo tipo de personas.

Sobre todo, si quieres tener una personalidad magnética y atractiva, cultiva el hábito de ser cordial, de encontrarte con la gente con un saludo cálido y sincero, con el corazón abierto; hará maravillas por ti. Descubrirás que la rigidez, la timidez y la indiferencia, la fría falta de interés por todo el mundo, que ahora tanto te molestan, desaparecerán. La gente verá que realmente te interesas por ellos, que realmente quieres conocerlos, complacerlos e interesarlos. La práctica de la cordialidad revolucionará tu poder social. Desarrollarás cualidades atractivas que nunca soñaste poseer. Para ser popular, debes cultivar la cordialidad. Debes abrir de par en par la puerta de tu corazón y no, como hacen muchos, dejarla ligeramente entreabierta, como diciendo a la gente que conoces: «Puedes asomarte un poco, pero no puedes entrar hasta que sepa si serás una amistad aconsejable».

No tengas miedo de abrir tu corazón; abre la puerta de par en par. Deshazte de toda reserva; no conozcas a una persona como si temieras equivocarte. Acércate a él o ella con la seguridad de que puedes hacer y vas a hacer un amigo y a establecer una relación agradable y gratificante.

Al leer este libro has dado el primer paso en tu búsqueda de este magnetismo. Para sacar el máximo partido de este libro, primero léelo entero para asimilar el concepto general de convertirte en una persona magnética. A continuación, relee cada capítulo y empieza a aplicar las pautas para lograr cada una de las áreas tratadas. Esto te pondrá en el camino que ha llevado al éxito, la felicidad y el enriquecimiento a millones de hombres y mujeres que han estudiado y puesto en práctica las enseñanzas de Dale Carnegie.

1

Sí, tienes carisma

Cuando Robert conoció a Lisa, su nueva jefa, quedó impresionado por su agradable «personalidad». Hubo algo de lo que proyectaba que hizo que Robert confiara en ella, la admirara y se sintiera cómodo con ella. Pensó: «Esta mujer tiene carisma. Ojalá pudiera ser como ella».

Podemos pensar que las personas como Lisa nacieron así. Algunas facetas de nuestra personalidad son innatas —nuestro aspecto físico, la inteligencia básica y algunos talentos—, pero cada uno de nosotros tiene la capacidad de sacar el máximo partido de estos rasgos y desarrollarlos hasta convertirlos en ese tipo de «personalidad» que los demás admirarán.

No es fácil convertirse en una persona carismática, pero empieza con un fuerte deseo y compromiso de desarrollar tus rasgos innatos.

Los rasgos de personalidad pueden adquirirse

Hay algo en la personalidad de uno que se le escapa al fotógrafo, que el pintor no puede reproducir, que el escultor no puede cincelar. Ese algo sutil que todo el mundo siente, pero que nadie puede describir, que ningún biógrafo ha plasmado jamás en un libro, tiene mucho que ver con el éxito de uno en la vida.

Ciertas personalidades son más grandes que la mera belleza física y más poderosas que el aprendizaje.

El carisma, ese encanto especial que desprenden algunas personas, puede influir en los caracteres más fuertes y, a veces, incluso controlar el destino de las naciones.

Las personas que poseen este poder magnético nos influyen inconscientemente. En cuanto estamos en su presencia, tenemos una sensación de agrandamiento. Desbloquean en nosotros posibilidades que antes ni concebíamos. Nuestro horizonte se ensancha; sentimos que una nueva fuerza agita todo nuestro ser; experimentamos una sensación de alivio, como si nos hubiéramos quitado un gran peso de encima.

¿No sería estupendo que la gente reaccionara así ante ti?

Gran parte del encanto de una personalidad magnética proviene de unos modales finos y cultivados. El tacto también es un elemento muy importante. Hay que saber exactamente qué hacer y ser capaz de hacerlo en el momento adecuado. El buen juicio y el sentido común son indispensables para quienes intentan adquirir este poder mágico. El buen gusto es también uno de los elementos del carisma.

Los rasgos de personalidad pueden adquirirse. No todas las personas son iguales.

Debemos reconocer que no todos tenemos la misma inteligencia, la misma fuerza física o los mismos niveles de energía, pero, con esfuerzo, podemos llegar a ser carismáticos. Puedes elegir y trabajar para desarrollar los rasgos de personalidad que deseas adquirir. La clave es la aplicación.

Christopher L. era brillante, dedicado y muy trabajador, pero vergonzoso. Cuando le rechazaron para un ascenso, se acercó tímidamente al director de Recursos Humanos y le preguntó por qué. El director de Recursos Humanos le dijo: «Chris, eres un buen trabajador, pero no reúnes las características esenciales para triunfar como supervisor. Si quieres progresar en tu carrera, no solo debes dominar tu trabajo, sino que debes ser capaz de tratar fácilmente con subordinados, colegas y jefes. Si te lo propones, puedes adquirir estos rasgos». Por sugerencia suya, Chris se matriculó al curso Dale Carnegie y aplicó los principios aprendidos. Superó su timidez y empezó a hacer sugerencias, a hablar en las reuniones y a entablar amistad con los compañeros de trabajo a los que antes había ignorado. Cuando surgió la siguiente oportunidad, Chris fue el primer candidato elegido.

Sé alegre y optimista

Las personas carismáticas son personas brillantes, alegres, optimistas, que van por la vida buscando lo bueno y lo bello, en lugar de lo feo; lo noble en lugar de lo innoble; lo brillante y alegre en lugar de lo lúgubre y sombrío; lo esperanzador en lugar de lo desesperado, ver el lado bueno en lugar del lado oscuro. Mirar siempre hacia la luz del sol es tan fácil como mirar siempre hacia las sombras, y marca la diferencia de manera absoluta en tu carácter entre el contento y el descontento, entre la felicidad y la miseria, entre la prosperidad y la adversidad, entre el éxito y el fracaso.

Helen Keller, la mujer ciega y sorda que tenía motivos para lamentarse de su suerte y ser pesimista, dijo: «El optimismo es la fe que conduce al logro; nada puede hacerse sin esperanza».

Los hombres y las mujeres que más han triunfado en la vida han sido siempre alegres y optimistas, se han ocupado de sus asuntos con una sonrisa en la cara y se han tomado con calma los cambios y las oportunidades de esta vida mortal, afrontando por igual lo duro y lo fácil.

A menudo puedes hacer que tu situación sea más fácil, aumentar tu salario, conseguir ascensos, cerrar más ventas y ser un directivo o profesional más eficaz si te muestras siempre alegre y brillante y, al mismo tiempo, pasas un rato agradable y feliz.

¿Te gusta relacionarte con gente malhumorada, deprimida e infeliz, o prefieres hacerlo con gente feliz y radiante? Tus sentimientos y actitudes son tan contagiosos como el sarampión. Así que deberías irradiar aquello que quieres que tengan los demás.

DALE CARNEGIE

Sonríe

La sonrisa es un signo de simpatía. Es el equivalente humano de un perro moviendo el rabo. Por supuesto, no se puede sonreír todo el tiempo. Una sonrisa no es algo que uno se pone mecánicamente como se pone un sombrero. Una sonrisa de verdad no es más que la expresión exterior de una condición interior. Es muy posible ser amable y encantar de alguna manera sin sonreír realmente. Hay situaciones en las que una sonrisa es totalmente inapropiada y, desde luego, fuera de una institución para enfermos mentales nadie sonríe constantemente. La sonrisa debe salir del corazón. Se abre paso hacia el exterior y se manifiesta en tus ojos, tu voz y tus acciones. Actúa con alegría y te sentirás alegre. No se puede fingir una sonrisa. Una sonrisa falsa tiene ese aspecto: falso.

Elaine B., auxiliar administrativa en un ayuntamiento de los suburbios de Filadelfia, relató cómo funcionó esto en su propio caso:

Una mañana salí hacia mi trabajo, decidida a probar el poder del pensamiento positivo. Yo era una de esas personas malhumoradas que rara vez sonreían. Había leído que ser alegre podía cambiar mi vida a mejor. Así que sonreí mientras caminaba por la calle y me sorprendí al sentir que me alzaba. Mi porte se hizo más erguido, mi paso más ligero y tuve la sensación de estar por las nubes. Miré las caras de las mujeres con las que me cruzaba y vi en ellas tantos problemas y ansiedad, descontento, incluso malhumor, que mi corazón se compadeció de ellas, y deseé poder compartir con ellas un poquito de la luz del sol que sentía que me invadía.

Al llegar a la oficina, saludé a la recepcionista con algún comentario pasajero que en absoluto podría haber hecho en otras condiciones; no soy ingeniosa por naturaleza. Inmediatamente nos colocó en un punto de partida más agradable para ese día. El supervisor municipal era un hombre muy ocupado y preocupado por sus asuntos. Se me acercó con el ceño fruncido e hizo algún comentario crítico sobre mi trabajo. De ordinario me habría sentido bastante dolida (soy demasiado sensible por naturaleza); pero este día había decidido que nada debía empañar su brillo, así que le contesté alegremente. Su ceño se despejó, y se estableció otro cimiento agradable; y así continué durante todo el día, sin permitir que ninguna nube estropeara su belleza para los demás o para mí.

Después del trabajo fui a una reunión en mi iglesia y seguí el mismo rumbo. Nunca había sido popular entre mis compañeros de congregación, pero, donde antes había sentido distanciamiento y falta de simpatía, encontré simpatía y una cálida amistad. La gente te encuentra a mitad de camino si te tomas la molestia de ir hasta ahí. Decidí que a partir de ese momento iluminaría con mi luz el camino de todos los que conociera. La felicidad brotará como flores a tu alrededor y nunca te faltarán amigos ni compañía.

Una sonrisa puede ayudar a seducir a un antagonista. Sharon M., una adolescente que trabaja como voluntaria en una residencia de ancianos de Connecticut, habla de una paciente anciana y terca que creaba considerables dificultades a las enfermeras. Se negaba a que la trataran y, a falta de utilizar dispositivos de contención con ella (algo a lo que se resistían), no podían mantenerla bajo control.

Mientras estaba en una silla de ruedas con una bandeja acoplada, la paciente empezó a golpear la bandeja e intentó deslizarse por debajo de ella. Sin embargo, se quedó atascada en la silla y empezó a gritar a las enfermeras.

En ese momento, Sharon tomó el mando. Sabía que a la paciente le gustaba que la llevaran de un lado a otro del pasillo, así que se acercó a la silla y, mirándola directamente a la cara, le dedicó una amplia sonrisa. La paciente se sobresaltó ante el repentino cambio de una atmósfera conflictiva a la amabilidad de una asistente. Se quedó callada y Sharon le habló suavemente y la hizo girar. Después dejó que Sharon le diera de comer y la atendiera con otras necesidades.

Dale Carnegie ofrece algunas sugerencias sobre el arte de sonreír:

En primer lugar, debes tener la actitud mental correcta hacia el mundo y su gente.

Hasta que no la tengas, no tendrás mucho éxito. Pero incluso sonreír superficialmente te ayudará, porque creará felicidad en los demás y eso actuará como un bumerán para ti. Generar un sentimiento agradable en otro hará que tú te sientas más agradable y muy pronto estarás sonriendo de verdad.

Además, cuando sonrías, estarás sofocando cualquier sentimiento desagradable o artificial que hayas podido experimentar en tu interior. Cuando sonríes a otro, le estás diciendo de forma sutil que te gusta, al menos hasta cierto punto. Él captará el significado y le gustarás más. Prueba el hábito de sonreír. No tiene nada que perder.

Las acciones hablan más que las palabras, y una sonrisa dice: «Me gustas. Me haces feliz. Me alegro de verte». ¿Una sonrisa poco sincera? No. Eso no engaña a nadie. Sabemos que es mecánica y nos molesta. Hablo de una sonrisa de verdad, una sonrisa reconfortante, una sonrisa que sale de dentro, el tipo de sonrisa que obtendrá un buen precio en el mercado.

DALE CARNEGIE

Las personas carismáticas son entusiastas

Las personas carismáticas sienten entusiasmo por su vida, su trabajo, sus relaciones y sus objetivos. El entusiasmo proviene de lo más profundo de nuestro ser. La palabra «entusiasmo» viene de dos palabras griegas que significan el Dios interior. El entusiasmo no se puede fingir. Fingir entusiasmo con gestos artificiales, sonrisas falsas y comentarios exagerados se detecta fácilmente. Si crees que lo que haces merece la pena, tiene sentido, es emocionante y factible, se reflejará en tu comportamiento y tus acciones.

Las personas que sienten entusiasmo por sí mismas y por sus acciones emprenden su trabajo con la seguridad del éxito. Los empleados que afrontan sus tareas con energía, determinación y entusiasmo dan confianza a su empleador de que lo que emprenden no solo se hará, sino que, además, estará bien hecho.

Por muy sólida y perfecta que sea la construcción de una locomotora de vapor, o por muy potente que sea, a menos que el agua se caliente a doscientos doce grados, el tren no se moverá ni una pulgada. El agua tibia, incluso a un grado por debajo del punto de ebullición, no responderá. Por muy fino que sea nuestro cerebro o por muy buena que sea nuestra educación, sin el vapor del entusiasmo, que impulsa la máquina humana, nuestra vida será ineficaz.

Dale Carnegie cuenta esta historia sobre los efectos del entusiasmo en las ventas:

Una tarde de verano, estudié la capacidad de venta de dos comerciantes dedicados a la observación de las estrellas que habían instalado telescopios en la calle 42, frente a la biblioteca pública de Nueva York. Uno cobraba diez céntimos por mirar la Luna. El otro, que tenía un telescopio un poco más grande, cobraba veinticinco.

El que cobraba un cuarto de dólar por mirada conseguía cuatro veces más clientes que el que solo cobraba diez céntimos. Sin duda, se obtenía una vista ligeramente mejor con el telescopio de veinticinco céntimos, pero la razón principal del éxito de este telescopio de precio más elevado era la personalidad del comerciante encargado de él. Esa persona irradiaba entusiasmo y hablaba de mirar la Luna con tanta emoción que uno, si fuera necesario, habría dejado pasar la cena para verla. El del telescopio de diez céntimos no decía nada y se limitaba a anotar los pedidos.

El mundo siempre ha abierto paso al entusiasmo. Multiplica nuestro poder y eleva al máximo cualquier capacidad que tengamos.

El entusiasmo es un gran captador de negocio. Es tan contagioso que, antes de que nos demos cuenta, estamos infectados por él, aunque tratemos de resistirnos. Si tu corazón está en tu trabajo, tu entusiasmo a menudo hará que un posible cliente se olvide de que estás intentando cerrar una venta. Hay algo en asumir el papel que deseamos representar e interpretarlo con entusiasmo. Si tienes la ambición de hacer grandes cosas, debes estar entusiasmado contigo mismo y asumir el papel que ello exige.

A menudo, el trabajo que haces puede no ser emocionante ni siquiera interesante. Puede ser monótono, aburrido y agotador. Busca algo en él que pueda entusiasmarte. Encuentra la manera de hacerlo mejor o más rápido. Fíjate objetivos cuantitativos o cualitativos que te obliguen a esforzarte por alcanzarlos. Si no lo encuentras en tu trabajo, busca otra actividad en tu comunidad, tu familia, tu iglesia o un grupo político o social y dedícate a ello.

¿Estás aburrido de la vida? Entonces lánzate a un trabajo en el que creas de todo corazón, vive por él, muere por él, y encontrarás la felicidad que creías que nunca podría ser tuya.

DALE CARNEGIE

Hay algo en la atmósfera de las personas entusiastas, que creen que van a vencer, algo en su propia apariencia que gana la mitad de la batalla antes de que se dé el primer golpe. El entusiasmo impregna el ambiente y transmite a los demás la seguridad de que podemos hacer lo que intentamos. A medida que pasa el tiempo, nos vemos reforzados no solo por el poder de nuestro propio entusiasmo, sino también por el de todos los que nos conocen. Nuestros amigos y conocidos afirman y reafirman nuestra capacidad de éxito y hacen que cada triunfo sucesivo sea más fácil de conseguir que el anterior.

Nuestra autoestima, confianza y capacidad aumentan en proporción directa al número de nuestros logros. La propia intensidad de nuestro entusiasmo al hacer lo que intentamos está definitivamente relacionada con el grado de nuestros logros.

El entusiasmo es la dinámica de nuestra personalidad. Sin él, cualquier habilidad que podamos poseer permanece latente, y es seguro decir que todos tenemos más poder latente del que nunca aprendemos a usar. Podemos tener conocimientos, buen juicio y buenas capacidades de razonamiento, pero nadie, ni siquiera nosotros mismos, lo sabrá hasta que descubramos cómo poner nuestro corazón en pensamiento y acción.

Cuando estamos entusiasmados con algo que hacemos, la emoción, la alegría, el sentimiento interior de satisfacción, impregnan toda la actividad. No siempre es fácil entusiasmarse con muchas de las cosas que tenemos que hacer a diario, pero es posible si nos esforzamos.

No solo debemos estar entusiasmados con nuestras capacidades, y con nosotros mismos, sino que también es necesario estar entusiasmados con lo que estamos haciendo: el producto que fabricamos o estamos vendiendo, la música que componemos o tocamos, el ensayo que escribimos. El entusiasmo es el ingrediente secreto del éxito de las personas más exitosas, así como el generador de felicidad en la vida de quienes lo poseen.

No se puede fingir el entusiasmo. Puedes ser realmente entusiasta si lo conviertes en parte integrante de tu vida. Encuentra algo que te entusiasme. No confundas entusiasmo con ruido, volumen, gritos o alaridos. Dale Carnegie define el entusiasmo como una ardiente cualidad espiritual en lo más profundo de tu ser; una emoción reprimida. Dice: «Si tu corazón arde en deseos de ayudar a los demás, estarás entusiasmado. Tu entusiasmo irradiará a través de tus ojos, tu cara, tu alma y

SÍ, TIENES CARISMA · **37**

toda tu personalidad. Estarás inspirado, y tu inspiración inspirará a otros».

Para sentir verdadero entusiasmo por algo, hay que sentir esa pasión en lo más profundo de uno mismo. Sin embargo, a menudo se nos pide que hagamos cosas con las que no estamos profundamente comprometidos. Una forma de desarrollar el entusiasmo es encontrar algo que nos entusiasme.

Al centrarnos en ello, se generará un verdadero entusiasmo. Sumérgete en la actividad a la que te dedicas. Aprende todo lo que puedas sobre el tema. El aprendizaje lleva al conocimiento, y el conocimiento suele generar entusiasmo por lo aprendido.

Cuando dominas un tema, a menudo te entusiasma más inconscientemente. Cuando ABC Electronics contrató a George, esperaba que lo destinaran al departamento de Ventas, pero la empresa lo colocó en el de compras, donde llevaba los registros de pedidos, entregas y facturas. Al cabo de varios meses, estaba tan descontento que quiso dimitir y buscar otro trabajo. Cuando habló de sus sentimientos con su padre, este le aconsejó que lo probara antes de dimitir. Su padre le aconsejó:

«George, ¿has hecho todo lo posible por conocer mejor la función de compras, ¿cómo encaja lo que haces en el conjunto y cómo podría utilizarse tu inteligencia creativa en este trabajo? Antes de rendirte, esfuérzate por aprender todo lo que puedas sobre el trabajo». En las semanas siguientes, George habló de las ramificaciones de lo que estaba haciendo a todos sus compañeros. Estudió la literatura de la empresa sobre los productos que estaba procesando y cómo encajaba la función de compras en el conjunto de las operaciones de la empresa. En el proceso, toda su actitud cambió. Ahora, está deseando ir a trabajar cada día. Su jefe ha notado su entusiasmo y ahora se le considera un empleado de gran potencial. Y, lo que es más importante, su vida se ha vuelto más emocionante y satisfactoria porque realmente disfruta con su trabajo.

Todos los grandes triunfadores han sentido entusiasmo por su trabajo. Un estudio de la vida de los grandes hombres y mujeres —ya sea en el gobierno, los negocios, la ciencia o las artes— revela que el ingrediente común que todos ellos poseen es el entusiasmo por su trabajo y sus vidas. El entusiasmo permitió a Beethoven componer sus mejores sinfonías a pesar de su sordera. El entusiasmo permitió a Colón persuadir a la reina Isabel para que financiara su viaje de descubrimiento y seguir adelante cuando parecía imposible tener éxito. El Dr. Salk se negó a abandonar su búsqueda de la cura para la polio porque estaba entusiasmado con sus perspectivas.

El entusiasmo es el ingrediente secreto del carisma. Es un componente crítico del éxito, así como el generador de felicidad en la vida de quienes lo poseen. Normal Vincent Peale lo resumió diciendo: «Lo que ocurre en la mente es lo que determina el resultado. Cuando un individuo realmente se entusiasma, se puede ver en el brillo de los ojos, en la personalidad alerta y vibrante. Se puede ver en el brío de todo su ser. El entusiasmo marca la diferencia en tu actitud hacia los demás y en la actitud de los demás hacia ti. Marca la gran diferencia entre ser una persona corriente y una persona carismática».

El entusiasmo no es solo una expresión externa. Funciona desde dentro. El entusiasmo nace del gusto genuino por alguna fase de lo que estás haciendo.

DALE CARNEGIE

Las personas carismáticas son visibles

Cuando Josh C. se enteró de que ni siquiera se le tenía en cuenta para el ascenso a jefe de su departamento, quedó destrozado. Su superior directo durante los últimos cinco años, Todd Perkins, le había asegurado que, cuando se jubilara, recomendaría a Josh para el puesto.

Desgraciadamente, Todd había fallecido el mes pasado, dos años antes de su jubilación prevista, y la empresa había contratado a un nuevo gerente ajeno a la empresa. ¿Por qué no consideraron a Josh? Nadie, aparte de Todd, conocía la capacidad de Josh. De hecho, ninguno de los gerentes de alto nivel conocía a Josh. Era invisible. Si hubiera desarrollado una personalidad carismática, todo el mundo, no solo su jefe, le habría conocido.

En la mayoría de las organizaciones hay muchas personas muy competentes que, como Josh, nunca progresarán mucho porque nadie sabe quiénes son. Para progresar en la carrera profesional, uno debe ser visible para otros directivos además de su superior directo. Las personas carismáticas son visibles.

¿Cómo se hace visible una persona? El primer requisito es la competencia. Si eres incompetente y visible, eso va en tu contra. Josh era competente, pero la competencia por sí sola no bastaba. Cuando Josh asistía a las reuniones con su jefe, nunca aportaba sus ideas. Si tenía un comentario que hacer, lo anotaba y se lo pasaba a su jefe, que era quien lo hacía. Cuando le preguntaron por qué no exponía sus propias ideas, admitió que le daba miedo hablar delante de otras personas.

Opina

Una de las formas más eficaces de darte a conocer entre los directivos de tu organización es participar activamente en las reuniones a las que asistes. La mayoría de las personas que están bien formadas en sus campos tienen mucho que ofrecer. La preocupación por hablar en público se ha identificado como uno de los miedos más comunes de la gente. Sin embargo, es un miedo que puede superarse con entrenamiento y práctica.

En la mayoría de las universidades se imparten cursos de oratoria, y programas especiales como el Curso Dale Carnegie de Oratoria Eficaz y Relaciones Humanas han ayudado a innumerables personas a superar este miedo.

Muestra interés en los objetivos de los demás

Las personas carismáticas no son egoístas. Se interesan y preocupan por sus colegas. Cuando se le preguntó a Valerie P. a qué atribuía su relativamente rápido ascenso en su empresa, respondió: «Mis grandes orejas». Y aclaró: «Escucho mucho a los demás, no solo cuando hablan conmigo, sino también cuando hablan con la gente que me rodea. Al principio de mi carrera, estaba esperando a que empezara una reunión y el hombre que estaba a mi lado hablaba de control estadístico de calidad con otra persona del grupo. Unas semanas más tarde, encontré un artículo sobre este tema en una publicación especializada. Recordando la discusión, recorté el artículo y se lo envié al hombre que se había interesado por él. Me dio las gracias y le dijo a otro directivo lo considerada que había sido. Como ese pequeño acto significó tanto para él, decidí enviar copias de los artículos a varias personas de la empresa. Pronto me gané la reputación de ser esa persona atenta que siempre buscaba información que pudiera ser útil a los demás. Este hizo que los ejecutivos me pidieran que me trasladara a sus departamentos, y cada traslado supuso un avance en mi carrera».

Ofrécete voluntario

Las personas carismáticas están dispuestas a aceptar encargos especiales. Cuando Bill terminó sus estudios universitarios, se incorporó a la plantilla del departamento de Recursos Humanos de una empresa del *Fortune 500*. No tardó en darse cuenta de que había al menos otras veinte personas jóvenes y brillantes con las que competiría por ascender. Tenía que hacer algo más que ser un trabajador excelente para superar a sus competidores.

Unos meses más tarde, Bill se ofreció voluntario para presidir la campaña anual de recaudación de fondos para *United Way*. Para ello visitó todos los departamentos de la sede central y conoció a la mayoría de los ejecutivos y directivos de la empresa. Durante los tres años siguientes, Bill presidió la campaña.

Uno de los vicepresidentes de la empresa quedó impresionado por la dedicación de Bill a su tarea y la profesionalidad con la que la llevó a cabo. Le habló de un puesto de trabajo que deseaba crear en su departamento y le sugirió que Bill podría ser la persona adecuada para ello. Bill aceptó la oferta.

Ahora, en lugar de ser uno de los muchos competidores para ascender en el departamento de Recursos Humanos, se ha convertido en el protegido de un alto ejecutivo, con una clara trayectoria profesional por delante.

Participa en asociaciones profesionales

Las personas carismáticas buscan formas de destacar. Darlene A. estaba dispuesta a dejar su trabajo en el departamento de Marketing de una de las empresas de bienes de consumo más prestigiosas de Estados Unidos. No se veía a sí misma avanzando con tanta gente buena compitiendo con ella por el ascenso. En lugar de darse por vencida, decidió que tenía que hacerse visible a los altos cargos de su departamento para que reconocieran su potencial.

Darlene era miembro de la sección local de la *American Marketing Association*. Para poner en práctica su plan, aceptó formar parte del comité del programa. Su primera tarea fue encontrar un ponente para la reunión de abril.

Su elección: el vicepresidente de marketing de su empresa. Aunque nunca había hablado con este ejecutivo y estaba segura de que ni siquiera sabía quién era ella, Darlene le invitó a ser el orador. Él no solo aceptó hablar en la reunión, sino que le dijo a Darlene que consideraba un honor haber sido invitado. En dos ocasiones antes de la reunión, llamó a Darlene para hablar de la charla. En la reunión, se sentó en el estrado junto al orador y lo presentó a los asistentes. A partir de ese momento, Darlene fue visible para ese vicepresidente y empezó a hacer excelentes progresos en el departamento. La competencia y la profesionalidad son básicas para el éxito, pero, por muy eficaz que seas, si los responsables de la toma de decisiones de tu organización no te conocen, es posible que pases desapercibido.

Si desarrollas una personalidad carismática, tus oportunidades de desarrollo profesional aumentarán considerablemente.

Busca el bien en los demás

Una forma de desarrollar los mejores rasgos en uno mismo es buscar los mejores rasgos en los demás.

Adoptando una actitud generosa hacia todos los que nos encontramos, tratando de traspasar la máscara del hombre o la mujer exterior, hasta llegar al núcleo más íntimo, y cultivando sentimientos amables hacia todos, es posible adquirir este don inestimable.

Las personas carismáticas disipan la melancolía, la preocupación y la ansiedad de todos aquellos con los que entran en contacto, igual que el sol disipa la oscuridad. Cuando entran en una sala llena de gente en la que la conversación ha decaído y todo el mundo parece aburrido, transforman el entorno como el sol que irrumpe entre las nubes negras y espesas después de una tormenta. Todos adquieren el espíritu dichoso del alma alegre que acaba de entrar, las lenguas se desatan, la conversación que se arrastraba se vuelve brillante y animada, y todo el ambiente vibra de alegría y buen humor.

Oblígate, si es necesario, a adquirir el hábito de buscar lo mejor en las personas, de descubrir sus buenas cualidades, de detenerte en ellas y de agrandarlas. Si te propones firmemente que nunca más hablarás mal de nadie, que, si no puedes encontrar nada bueno en ellos, si no puedes ver el lado positivo, no verás nada y no dirás nada, esto supondrá una diferencia maravillosa en la vida para ti. Te sorprenderá ver cómo pronto todo virará hacia un mensaje de alegría y paz.

Si no te gusta la gente en general, hay una forma sencilla de trabajar esta condición: solo tienes que buscar los rasgos positivos. Seguro que encuentras alguno.

DALE CARNEGIE

Desarrolla el hábito de la autoayuda

Samuel Smiles, escritor del siglo XIX y pionero de lo que hoy se conoce como movimiento del potencial humano, era un firme defensor de la construcción de la personalidad. Enseñaba que los rasgos de la personalidad pueden adquirirse animando a los jóvenes a confiar en sus propios recursos, dejándoles disfrutar de tanta libertad de acción en los primeros años de vida como sea factible.

Escribió:

«Demasiada orientación y restricción obstaculizan la formación de hábitos de autoayuda. Son como flotadores atados bajo los brazos de alguien que ha aprendido a nadar por sí mismo. La falta de confianza es quizá un obstáculo mayor de lo que generalmente se imagina. Se dice que la mitad de los fracasos de la vida se deben a tirar del caballo cuando está saltando».

Muchas personas buscan formas fáciles de aprender nuevas habilidades, pero las formas fáciles no enriquecen la mente. Las mejores cualidades de muchas mentes se generan mediante el esfuerzo vigoroso y la acción independiente.

Smiles advirtió: «No basta con adquirir conocimientos. La posesión de facultades intelectuales superiores no tiene más mérito personal que la herencia de un gran patrimonio. ¿Cómo se utiliza ese poder? ¿Cómo se emplea ese patrimonio? La mente puede acumular grandes cantidades de conocimiento sin ningún propósito útil; pero el conocimiento debe estar aliado con la bondad y la sabiduría y encarnado en un carácter recto o, de lo contrario, es nada».

«La autodisciplina y el autocontrol son los comienzos del desarrollo de una personalidad ganadora, y estos deben tener sus raíces en el amor propio. De él nace la esperanza, que es la compañera del poder y la madre del éxito. El más humilde puede decir "respetarme a mí mismo y desarrollarme; este es mi verdadero deber en la vida"».

No temas ser original

Proponte que, tanto si logras mucho como si logras poco en el mundo, será algo original, algo tuyo. No tengas miedo de hacerte valer de forma individual y audaz. La originalidad es vida; la imitación es la muerte. No tengas miedo de dejarte llevar. Se crece siendo original, nunca copiando; liderando, nunca siguiendo. Proponte que estarás abierto a nuevas ideas, siempre en busca de mejoras. Piensa con algún propósito. Siempre hay sitio para una persona original.

No tengas miedo de ser original. Sé independiente y autosuficiente, no un individuo más en el mundo. No intentes ser una copia de tu abuelo, tu padre o tu vecino. Eso sería tan absurdo como que una violeta intente parecerse a una rosa o una margarita a un girasol. La naturaleza nos ha dado a cada uno un equipo peculiar para su propósito. Utiliza los ejemplos de otras personas de éxito para aprender cómo utilizan sus puntos fuertes y sus personalidades para cumplir sus misiones. Luego, adáptalos a tu propio estilo original, de modo que puedas utilizar tus bazas para lograr tus propias ambiciones.

Cuando Fred Smith estudiaba economía en la Universidad de Yale, su profesor afirmó que el transporte aéreo de mercancías era el futuro y la principal fuente de ingresos de las aerolíneas.

Smith escribió un artículo en el que discrepaba. Su argumento era que las rutas de pasajeros, que eran las principales rutas aéreas, eran inadecuadas para el transporte de mercancías. Como los costes no bajaban con el volumen, la única forma de que el transporte aéreo de mercancías fuera rentable era crear un sistema completamente nuevo que llegara tanto a las ciudades pequeñas como a las grandes y que estuviera diseñado para paquetes, no para personas. El profesor lo consideró totalmente inviable y calificó el trabajo de Smith con una nota baja.

Fred Smith no se dejó amilanar. Su idea era crear una aerolínea exclusivamente de carga que volara sobre todo de noche, cuando los aeropuertos no estuvieran congestionados. Transportaría paquetes pequeños de alta prioridad cuando la rapidez de la entrega fuera más importante que el coste.

Llevaría todos los paquetes a un punto central, donde, a través de un programa informático especialmente diseñado, se clasificarían, dispersarían y cargarían en aviones que volarían hasta los destinos finales. Esto permitiría a la empresa transportar por avión una carga completa para una ciudad pequeña, por ejemplo, Corpus Christi, Texas, porque aunaría todos los envíos para esa ciudad procedentes de todo el país (y más tarde del mundo) en el depósito central. Nunca abandonó esta idea. Su originalidad, su entusiasmo y su persistencia dieron lugar a la creación de Federal Express (FedEx), que revolucionó la industria del transporte e hizo millonario a Smith.

Sé un imán para los negocios

Algunos hombres y mujeres atraen negocios, clientes o pacientes de forma tan natural como los imanes atraen partículas de acero. Todo parece apuntar hacia ellos, por la misma razón por la que las partículas de acero apuntan hacia el imán: porque se sienten atraídas por ellas. Geri P. es un imán para los negocios. Geri es una de las vendedoras con más éxito de una gran empresa financiera. Durante los últimos diez años, ha sido reconocida como una de las cien mejores vendedoras de una empresa con más de dos mil trescientas representantes. ¿Cómo lo ha conseguido, sobre todo en el competitivo mercado metropolitano de Nueva York? No hay duda de que es técnicamente competente.

Trabaja duro y de forma inteligente, pero también lo hacen sus competidores. Algunos detractores lo atribuyen a la suerte, pero si estudiamos a Geri de cerca, descubrimos que tiene cualidades magnéticas. Tiene carisma. Suele tener una personalidad encantadora que se gana todos los corazones. Cuando se sienta con un cliente potencial, lo cautiva inmediatamente con su calidez, amabilidad, sinceridad y compasión. Se convierten no solo en clientes, sino también en amigos, y la mayoría de sus nuevos clientes vienen como resultado de sus recomendaciones.

Merece la pena cultivar el carisma. Las personas carismáticas hacen amigos con facilidad y pueden ganarse a los demás para que acepten sus ideas. Duplica las posibilidades de éxito, desarrolla la madurez y forja el carácter. Para ser carismático, hay que estrangular el egoísmo, reprimir las malas tendencias y ser educado, cortés y agradable.

La capacidad de cultivar amistades es una ayuda poderosa para lograr el éxito. Es un capital que te apoyará cuando otros entren en pánico, cuando los bancos quiebren, cuando los negocios pasen por momentos difíciles.

La gente se deja influir poderosamente por sus amistades, por sus gustos y aversiones. Las personas populares en los negocios tienen todas las ventajas del mundo sobre los competidores fríos e indiferentes, porque los clientes acudirán a ellos en los buenos y en los malos tiempos.

Suma y sigue

Desarrollar el carisma es la clave del éxito. Ser inteligente, competente en tu carrera, trabajador y orientado a objetivos es muy importante, pero nadie sabrá que tienes estos rasgos si no tienes una personalidad que te haga brillar. Hay personas que han sido bendecidas con muchas facetas innatas de una personalidad agradable, pero la mayoría de las personas de éxito han desarrollado las características de personalidad que han contribuido a su éxito:

- Estudia a los hombres y mujeres —a los que conoces personalmente y a los del pasado y del presente sobre los que has leído— cuya personalidad admiras. Utilízalos como modelos para tu comportamiento.
- Sé optimista. Mira el lado bueno de la vida. Busca lo bueno y lo bello en lugar de lo feo e innoble. Esto se reflejará

en tu forma de comportarte y en cómo te perciben los demás.

- No busques defectos en las personas con las que te cruzas. Busca sus puntos buenos. En cada persona que se te acerque, busca lo bueno y lo fuerte.

- Los inconvenientes paralizarán tu ambición si te dejas llevar por ellos. Envenenarán tu vida. Te robarán el poder. Acabarán con la confianza en ti mismo hasta que seas una víctima de tu situación en lugar de su dueño. Destierra los pensamientos negativos de tu vida.

- Interésate de verdad por los demás. Puedes hacer más amigos en dos meses interesándote de verdad por los demás que en dos años intentando que los demás se interesen por ti.

- Sé empático. Una persona empática se pone en el lugar del otro, no solo escucha lo que dice, sino que también siente lo que siente la otra persona. ¿Cómo puede la gente no responder positivamente ante una persona así?

- Sonríe. Mantén una tendencia a la alegría. A menos que tengas una actitud mental libre de amargura y engaño y veas cada día como una bendición que hay que disfrutar y saborear, tendrás una vida infeliz y muy probablemente improductiva.

- Sustituye la discordia por la armonía en tu vida. ¡Qué poco nos damos cuenta del poder que hay en la armonía! Hace toda la diferencia del mundo en nuestra vida laboral si estamos equilibrados y serenos o si estamos continuamente agitados, llenos de discordia y acosados por toda clase de cosas desconcertantes y mezquinas.

- No tengas miedo de confiar en ti mismo. Ten fe en tu propia capacidad para pensar de forma original. Si hay algo en ti, la confianza en ti mismo lo sacará a la luz. Hagas lo que hagas, cultiva un espíritu de responsabilidad e independencia al hacerlo.

- Sé entusiasta. Si estás entusiasmado contigo mismo y con tus acciones, emprenderás tu trabajo con la seguridad del éxito. Multiplica tu poder y eleva al máximo cualquier capacidad que tengas.
- Cultiva el arte de ser agradable. Nada te permitirá expresarte mejor; pondrá de relieve las cualidades que impulsan tu éxito y aumentará tus amistades.

2

Hacer nuevos amigos
y conservar los antiguos

Cuando Eric y Arlene se mudaron a su nueva casa, no conocían a nadie en la zona. Eric había sido trasladado a Oak Park para abrir una sucursal de su empresa. Se unieron a una iglesia local con la esperanza de encontrar nuevos amigos, pero para su decepción, aunque los feligreses eran cordiales, nadie prestaba mucha atención a los recién llegados. «Somos buena gente», pensó Arlene, «¿Por qué no hacemos amigos?».

Eric recordó el consejo de Dale Carnegie: «Puedes hacer más amigos en dos meses interesándote de verdad por los demás, que en dos años intentando que los demás se interesen por ti. Que es una forma de decir que la manera de hacer un amigo es serlo».

El domingo siguiente, durante la hora del café después de la iglesia, Eric entabló conversación con Ted, un hombre más o menos de su edad, y encontraron un interés común por la carpintería. Arlene conoció a Sarah, que participaba activamente en asuntos comunitarios, y se enteró de algunos de los problemas de la zona. En las semanas siguientes, se relacionaron con varios miembros de la iglesia, les invitaron a formar parte de comités y pronto estrecharon su amistad.

Interésate por los demás

Dale Carnegie nos recordó que las personas con las que hablas están cien veces más interesadas en sí mismas, en sus deseos y en sus problemas que en ti y en tus problemas.

Alfred Adler, el famoso psicólogo vienés, estaba de acuerdo. Dijo en su libro *Lo que la vida debe significar para ti*: «El individuo que no se interesa por sus semejantes es el que tiene mayores dificultades en la vida y el que causa mayores perjuicios a los demás. De tales individuos surgen todos los fracasos humanos».

Theodore Roosevelt se interesaba sinceramente por todas las personas con las que se encontraba.

Les preguntaba por sus familias y escuchaba sus ideas, por humildes que fueran sus orígenes. Se tomaba el tiempo necesario para conocer a cada uno de los miembros del personal doméstico de la Casa Blanca e, incluso años después de dejar el cargo, cuando visitaba la Casa Blanca, saludaba a cada uno por su nombre y comentaba algún interés que hubieran expresado o algo que hubieran hecho por él cuando era presidente. ¿Cómo podía dejar de caerle bien a alguien? Si queremos hacer amigos, saludemos a la gente con animación y entusiasmo. Cuando alguien te llame por teléfono di «hola» en un tono que le haga saber a quien llama lo contento que estás de recibir su llamada. Mostrar un interés genuino por los demás no solo te hace ganar amigos, sino que también ayuda a fidelizar a los clientes con tu empresa.

A menudo se decía de Daniel Webster, el gran orador y estadista, que se ganaba la confianza de todas las personas que conocía. Cuando se les preguntaba por qué tenían una reacción tan inmediata hacia él, comentaban que, a diferencia de la mayoría de los políticos, escuchaba lo que tenían que decir sobre sí mismos en lugar de hablar sobre él.

Una de las formas más seguras de hacer amigos e influir en la opinión de otra persona es tener en cuenta su opinión y dejar que esa persona mantenga su sentimiento de importancia.

DALE CARNEGIE

Sé empático. Las personas empáticas son las que se ponen en el lugar de los demás. No solo escuchan lo que dicen, sino que también sienten lo mismo cuando lo dicen. ¿Cómo puede la gente no responder positivamente ante una persona así?

Concede reconocimiento a los demás

En su entrevista de salida tras dejar su trabajo en Building Maintenance Corporation, le preguntaron a Woody H. qué le gustaba y qué le disgustaba de la empresa. Woody respondió que, aunque el salario y los beneficios eran buenos, nunca se sintió parte de la empresa. «Siempre sentí que no era más que un engranaje de una máquina», dijo. «Trabajé en mi departamento durante nueve meses y no creo que mi jefe me llamara nunca por mi nombre. Llamaba "Mac" a todos los chicos».

Lisa Lang contó una historia similar. Cuando se quejó a su jefe de que le molestaba que la llamara «querida» o «cariño», este le dijo que debía sentirse halagada porque eso demostraba que le gustaba. Ella le señaló que él llamaba a todas las mujeres con apelativos similares. Él respondió: «Con la alta rotación que tenemos en este departamento, no puedo tomarme la molestia de aprenderme todos vuestros nombres». El uso de tales términos no solo es degradante, sino que algunos jueces han interpretado esta práctica como prueba de acoso sexual. Todo ser humano ansía reconocimiento. Nadie quiere ser considerado solo como parte de una masa de trabajadores. Cada persona tiene un nombre determinado y, al utilizar ese nombre al dirigirse a ella, el supervisor da el primer paso para reconocer la individualidad de esa persona. Dale Carnegie dijo: «Recuerda que el nombre de una persona es para ella el sonido más dulce e importante en cualquier idioma».

Conoce sus vidas

Cada uno de nuestros colegas tiene una vida fuera del trabajo que suele ser más importante para esa persona que el propio trabajo. Al hablar con nuestros empleados de las cosas que realmente les interesan fuera del trabajo, les hacemos saber que nos interesamos por ellos como personas, no solo como trabajadores.

Una noche, cuando Gary estaba viendo las noticias locales en su televisor, se sorprendió al ver que entrevistaban a una de sus empleadas, Nancy, sobre su colección de banderas americanas que se remontaba a la época colonial. Nancy trabajaba para él desde hacía tres años y Gary desconocía esa afición inusual. Se dio cuenta de que sabía poco de su gente. Gary decidió corregirlo. A la mañana siguiente, felicitó a Nancy por su entrevista y le hizo preguntas sobre la colección. A continuación, aprovechó los ratos muertos en el trabajo para hablar con cada uno de sus empleados. Aprendió mucho sobre sus intereses, familias y actividades que desconocía. Esto le permitió utilizar talentos que ellos tenían y que él desconocía y establecer una relación mucho más estrecha con cada uno de ellos. En lugar de considerar a todo su personal como «su departamento», ahora los veía como individuos, cada uno de los cuales se relacionaba a su manera con el departamento y, por tanto, podía contribuir de forma diferente pero eficaz a los objetivos del mismo.

Reconoce los logros

Las empresas reconocen de muchas maneras los logros de sus empleados. En los vestíbulos de la mayoría de los hoteles y en lugares destacados de muchas oficinas de empresa, se puede encontrar a menudo una placa dedicada al «empleado del mes». Ser nombrado para este honor es un acontecimiento importante en la vida de los homenajeados. Puede que reciban algún premio tangible, pero más importante que la gratificación o el premio es el reconocimiento que se les ha otorgado.

Mary Kaye, la empresa de cosméticos, es conocida por su política de reconocimiento a las personas de su plantilla que destacan por sus logros. Además de premios y placas, los galardonados son agasajados en sus convenciones y destacados en la publicación interna de la empresa. Probablemente, el premio más codiciado es el Cadillac rosa que se entrega a los que más destacan. Con qué orgullo conducen los ganadores sus coches, que no solo proporcionan estatus, sino también el reconocimiento de la empresa por un trabajo bien hecho. Para conservar los coches de año en año, los ganadores deben seguir cumpliendo o superando los altos estándares exigidos.

Stew Leonard posee la mayor tienda de productos lácteos de Estados Unidos, situada en Norwalk (Connecticut). Durante el ajetreo previo a Acción de Gracias, parte del personal de oficina se dio cuenta de que las largas colas en las cajas se movían con lentitud. Sin ninguna indicación de la dirección, varios de estos dependientes abandonaron su trabajo habitual y se dirigieron a las cajas para ayudar a los cajeros a embolsar los comestibles y acelerar así el movimiento de las colas.

Cuando Stew se dio cuenta de ello, resolvió hacer algo especial por estas personas. Después de las vacaciones, compró para cada uno de ellos una bonita camiseta de punto con la inscripción «Premio Stew Leonard ABCD» bordada en cada camiseta.

Cuando preguntaron qué significaba esta inscripción, les dijeron: «*Above and Beyond The Call of Duty* ("Por encima y más allá de la llamada del deber")».

Al otorgar un reconocimiento especial a las personas que daban más de sí en su trabajo, Stew no solo «otorgaba reconocimiento a quien lo merecía», sino que hacía saber a todo el mundo —a los propios empleados, a sus compañeros, a sus supervisores y a los clientes— que su trabajo era apreciado. De este modo, contribuyó al crecimiento continuo de la camaradería dentro de la empresa.

Ponlo por escrito

En *A & G Merchandising Co.*, los supervisores reciben un paquete de tarjetas de agradecimiento. Estas tarjetas, que se pueden adquirir en cualquier tienda de tarjetas de felicitación, llevan impresas en el anverso la palabra «Gracias» impresa en una bonita letra en el anverso y el resto está en blanco. Cada vez que un empleado hace algo digno de un reconocimiento especial, el supervisor escribe una nota en una de estas tarjetas especificando cuál ha sido el logro y felicitando al empleado por conseguirlo. La mayoría de los destinatarios las enseñan a sus amigos y familiares y las guardan para siempre.

Sea cual sea el premio que concedas a un empleado, monetario o de otro tipo, merece la pena gastar unos dólares de más e incluir un certificado o una placa que tu organización o tu empleado puedan colgar como recordatorio del reconocimiento de su logro.

Aprende, utiliza y recuerda los nombres

No cabe duda de que el primer paso para hacer un amigo es aprender, recordar y utilizar el nombre de esa persona.

Recuerda que el nombre de una persona es, para ella, el sonido más dulce e importante en cualquier idioma.

DALE CARNEGIE

El primer paso para recordar el nombre de una persona es oírlo claramente y hacerse una idea clara de ella. Por lo tanto, es importante prestarle toda su atención, interesarse de verdad por ella y desear recordarla de verdad. Recordar nombres no es un truco para demostrar tu habilidad para recordar. Debe ser el resultado de tu deseo de hacer que la otra persona, y no tú mismo, se sienta importante.

Fórmate una impresión clara y vívida del nombre

Cuando te presenten a alguien, concéntrate en aprenderte bien su nombre. Piensa solo en una cosa: el nombre de esa persona. Si no oyes el nombre con claridad, di: «Siento no haber entendido tu nombre. ¿Podrías repetirlo, por favor?».

Si te han repetido un nombre y aún no lo has captado, dile: «Lo siento, todavía no lo he entendido, ¿podrías deletreármelo?». Recuerda que estás hablando del nombre de una persona y que esta se sentirá inmensamente complacida con que te tomes un interés tan personal por su nombre.

Algunos nombres son tan difíciles que, incluso después de deletrearlos, puede que no seas capaz de repetirlos. Entonces di: «Tu nombre es poco habitual y quiero recordarlo. ¿Puedo escribirlo mientras lo deletreas?». Si es conveniente, escribe el nombre cuando lo oigas. Fórmate una impresión visual y auditiva.

Utiliza tu fuerza de voluntad, es decir, tu poder de «querer». Dite a ti mismo: «Quiero recordar el nombre de esta persona y lo haré».

Repetición

Puedes recordar casi cualquier cosa si la repites con la suficiente frecuencia. No tendrás ninguna dificultad para recordar un nombre si lo repites a menudo.

Cuando te presenten a una persona, repite su nombre inmediatamente. No te limites a decir: «Encantado». Di: «Encantado, Sra. Blank» y repite el nombre.

Utiliza el nombre varias veces en la conversación. Por ejemplo, puedes decir: «Bueno, nunca lo había pensado así, pero quizá tenga razón, Sra. Blank». Si pones empeño en hacer esto, no solo estarás grabando el nombre en tu memoria, sino que también estarás complaciendo a tu oyente. Repite el nombre de la persona de forma natural en el transcurso de la conversación, sin exagerar. Repite también el nombre del desconocido en silencio para ti mismo mientras él o ella esté hablando.

Si trabajas con una lista de nombres, hazlo con unos pocos cada vez y repítelos para ti mismo varias veces.

Las pruebas psicológicas han demostrado repetidamente que puedes memorizar cualquier cosa el doble de rápido si trabajas en ello a intervalos breves en lugar de de un tirón largo. Repasa con frecuencia y rapidez el material que quieras fijar en tu mente.

Si te presentan a un grupo de personas a la vez, concéntrate intensamente en cada uno de los nombres que oigas. Entre una presentación y otra, mira a la persona que te han presentado y repite el nombre para ti mismo rápidamente. Cuando hayan terminado todas las presentaciones, vuelve a mirar inmediatamente al grupo para ver si puedes recordar el nombre de cada persona que has conocido. Sigue mirando hacia atrás y repasando; mirando hacia atrás y repasando.

Refresca en tu memoria los nombres de las personas inmediatamente antes de verlas. Eso es lo que hacía Dwight D. Eisenhower cuando inspeccionaba a sus tropas que se entrenaban en

Inglaterra, preparándose para la invasión. Todas las mañanas, antes de emprender su gira de inspección, el general Eisenhower estudiaba una lista con los nombres de los oficiales con los que tenía previsto reunirse ese día.

Si es posible, di el nombre de la persona que acabas de conocer. Si es un nombre raro, que nunca has oído antes, ¿por qué no decirlo? Si tuviste una antigua novia que se llamaba así, dilo. Dale Carnegie contó que una vez conoció a un tal Tannenbaum. «Le dije que su nombre significaba árbol de Navidad en alemán. Estuvo de acuerdo y me contó que siempre se sentía especial en Navidad porque su nombre era un símbolo de esa celebración. Esto abrió la puerta a una agradable conversación y al inicio de una nueva amistad».

Cuando te despidas de la persona que acabas de conocer, repite el nombre. «Encantado de haberla conocido, Sra. Blank».

Repasa los nombres que realmente quieres recordar cada noche antes de irte a dormir. Intenta «ver» la característica más destacada de la persona mientras recuerdas el nombre. Este repaso es muy importante porque olvidamos tanto en las primeras ocho horas después de haber aprendido algo como durante los treinta días siguientes.

Si quieres ganar amigos, procura recordarlos. Si recuerdas mi nombre, me haces un sutil cumplido; indicas que te he causado impresión.

Recuerda mi nombre y aumentarás mi sensación de importancia.

DALE CARNEGIE

Asociación

El vínculo más fuerte que se puede formar al recordar nombres es encontrar una asociación entre la impresión física y alguna imagen que el nombre sugiera. He aquí algunas de las formas más habituales de hacer asociaciones:

- **Negocios:** Puedes hacer que un rasgo de la apariencia de una persona recuerde a su negocio y luego relacionar el negocio con el nombre. Conoces a la Sra. Ivory, pianista. Notas que sus dientes brillan como las teclas de marfil (*ivory* en inglés) de su piano. No olvidas su nombre.
- **Profesión:** Otro método consiste en asociar el nombre de la persona con su profesión. Cuando te presentaron a Arthur, supiste que era escritor. Asociar «Arthur» con «autor» te ayudará a recordar su nombre.
- **Rima:** Haz una rima utilizando el nombre de una persona con alguna característica de esa persona o con una característica opuesta. A continuación, fíjala en tu memoria con una imagen mental que recuerde la rima. La rima recuerda el nombre. Supongamos que conoces a un hombre llamado Hunniman que siempre está riendo y contando chistes. Una buena rima sería «*Hunniman is a funny man* ("Hunniman es un hombre divertido")». Entonces, hazte una imagen mental de él revolcándose de risa. Conoces a Jack Bain. Una rima rápida sería «Jack Bain *has a pain* ("Jack Bain tiene un dolor")». Imagínatelo retorciéndose de dolor y gimiendo. Recuerda, cuanto más tonta sea la imagen, cuanto más exagerada, cuanto más fantástica sea, más fácil te resultará recordarla.
- **Apariencia:** Este método consiste en asociar el nombre de una persona con su aspecto real o imaginario o con una característica de su personalidad. Selecciona la característica que más te impresione. Puede ser el pelo, el nacimiento del cabello, los ojos, las orejas, la barbilla, el aspecto facial, los hombros o cualquier otra característica física permanente. Por ejemplo, el Sr. Whiting tiene el pelo blanco. Una forma

fácil de recordarlo sería imaginar que su pelo es realmente negro pero que a él le gusta el pelo blanco (*white* en inglés). Así que todas las mañanas coge un frasco de diez galones de tinta blanca, se lo echa generosamente en la cabeza y se lo frota. Así consigue el pelo blanco que tiene ahora. Si podemos hacernos una imagen mental de él vertiéndose tinta blanca en la cabeza y frotándosela, la próxima vez que le veamos su pelo blanco recordará la imagen y la «tinta blanca (*"White ink"*)».

Repítelo rápidamente y tendrás el *Whiting*. Ken Smart tenía la frente alta, lo que suele considerarse un signo de inteligencia, de ahí el nombre de Ken *Smart* (inteligente).

- **Significado:** Te resultará fácil asociar a una persona con el significado genérico de su nombre. Por ejemplo, si un hombre se llama Fisher, lo asociarás con la pesca. Es probable que lo veas luchando por pescar un pez gigantesco.

La clasificación en sí no es importante. Lo importante es que juegues con el nombre para mantenerlo en tu cabeza durante más tiempo y aumentar así tus posibilidades de recordarlo. Esta es simplemente otra forma de recordarte que debes pensar en un nombre si deseas recordarlo. Para clasificar un nombre es necesaria esa aclaración mental, incluso ortográfica. Míralo por escrito, si es posible (tarjeta de visita, etiqueta con su nombre, placa de escritorio).

He aquí algunos consejos adicionales para recordar nombres:

- **Determina qué parte del nombre debes utilizar.** Los estadounidenses suelen usar el nombre de pila, a menos que la otra persona sea significativamente mayor o tenga mayor autoridad, entonces se usa «Sr./Sra». (*Mr./Ms.)* hasta que él o ella diga: «Llámame por mi nombre de pila, por favor». En otras culturas, siempre se utiliza el formal «Sr.», «Sra.», «Srta.», o un título, «Dr.», «Profesor», etc., a menos que se te invite a ser menos formal.

- **Crea una imagen mental que vincule el nombre con la persona.** No pienses en palabras, piensa en imágenes. Julie = *jewelry* (joyas); Sandy = en una playa (*sand* significa arena); George = *gorge* (desfiladero); Sam = Spam; Chuck = *woodchuck* (marmota), etc.
- **Repite el nombre inmediatamente en la conversación.** Pero no exageres o parecerá falso. Más o menos una vez cada tres o cuatro minutos de conversación, y cuando te vayas.
- **Asocia una persona con otra.** Si el nombre es igual o parecido al de un familiar, amigo u otra persona que conozcas, imagina a la nueva persona con esa persona.
- **Utiliza el nombre de la persona.** Esto es lo más importante. Utilízalo, utilízalo, utilízalo... hasta que esté firmemente establecido en tu mente.

Da un agradecimiento sincero y honesto

Una forma eficaz de hacer y conservar amigos es mostrar agradecimiento por sus acciones. Cuando Ted le explicó a Eric cómo utilizar una nueva herramienta que había comprado para trabajar la madera, este no solo le dio las gracias, sino que, después de utilizarla, llamó a Ted para expresarle su agradecimiento por haberle permitido resolver su problema.

Esto consolidó su nueva amistad.

En nuestra vida cotidiana, damos tantas cosas por sentadas que a menudo olvidamos expresar nuestro agradecimiento a las personas que hacen posible nuestros éxitos y hacen nuestra vida diaria más agradable.

Mostrar aprecio no es solo un factor para hacer y conservar amigos, sino también esencial para dirigir y motivar a los trabajadores en el trabajo. Muchos ejecutivos piensan que un aumento de sueldo o una gratificación es suficiente muestra de agradecimiento por un trabajo bien hecho. Timothy C., un empresario de Glen Arm, Maryland, quería hacer más. Uno de sus empleados, Kevin, había rendido sistemáticamente más que los demás. Había dado más de lo que se le pedía en su trabajo. Su gratificación era superior a la de los demás, pero para Timothy el dinero no era suficiente para expresar su agradecimiento, así que escribió a Kevin una carta personal de agradecimiento, que adjuntó al cheque de la gratificación. En la carta le daba las gracias y le decía lo mucho que significaba para la empresa. Más tarde, Kevin le dio las gracias por escribirla. Dijo que le había hecho llorar, y Timothy comentó que casi le había hecho llorar, a su vez, oírle decir eso.

Virginia A., jefa de cajeros de una Asociación de Ahorros y Préstamos de Wichita (Kansas), se esfuerza por dar la bienvenida a los empleados que han estado de vacaciones o de baja por enfermedad.

Les pregunta por sus vacaciones o su estado de salud y les pone al día de las novedades de la empresa.

Les hace sentir que les ha echado de menos, y se lo transmite con sinceridad porque realmente les ha echado de menos.

¿Por qué la gente no expresa su agradecimiento? A menudo se asume que el agradecimiento se da tácitamente cuando se dice «gracias». A veces no se considera necesario porque la otra persona «solo está haciendo su trabajo». En ocasiones, el agradecimiento no se produce porque la persona que debería expresarlo lo considera un signo de debilidad.

No es necesario ser efusivo al expresar el agradecimiento. Basta con un reconocimiento sincero de cómo te sientes por el trabajo realizado, el servicio prestado o el orgullo que sientes por un logro concreto. Nadie se cansa nunca de recibir un agradecimiento sincero. Asumir que tu agradecimiento está implícito sin expresarlo es engañar a la otra persona. Dile a esa persona que aprecias lo que ha hecho y por qué te sientes así. En situaciones en las que sea el resultado de un acto concreto, expresa tu agradecimiento lo antes posible tras la realización de dicho acto. Como si pusieras la guinda a un pastel, tu expresión de agradecimiento endulzará la alegría del propio logro.

Algunas personas creen que mostrar aprecio a los demás puede reflejar su propia insuficiencia.

Inconscientemente piensan: «Si les digo que lo han hecho bien, ellos (y los demás) pueden sentir que soy inferior a ellos». No hay base para tal conclusión. Todas las grandes personas han expresado repetidamente su gratitud a quienes les han sido útiles. De hecho, eso mejora la imagen de fortaleza que se han ganado y engendra un mayor grado de lealtad entre sus seguidores.

El agradecimiento debe ser sincero. Hay que sentir y creer de verdad lo que se dice para que la otra parte lo perciba como sincero. La falta de sinceridad no puede disimularse con palabras rebuscadas.

La voz, los ojos y el lenguaje corporal reflejan los verdaderos sentimientos. No hay razón para fingir las expresiones de agradecimiento.

Dejemos de pensar en nuestros logros, en nuestros deseos. Intentemos descubrir los puntos buenos de la otra persona. Luego, olvidémonos de los halagos. Demos un reconocimiento honesto y sincero. Sé «sincero en tu aprobación y pródigo en tu alabanza», y la gente apreciará tus palabras y las atesorará y las repetirá durante toda la vida; las repetirá mucho después de que tú las hayas olvidado.

DALE CARNEGIE

Si aprecias los atributos positivos de los demás, te beneficiarás tanto como ellos. La forma en que tratas a los demás es un reflejo directo de lo que piensas de ellos. Entrena tu cerebro en una dirección positiva y te resultará cada vez más fácil hacer amigos, aunque sean negativos.

Utiliza el refuerzo positivo para motivar a los demás

Un jefe autocrático critica, condena y se queja continuamente y nunca olvida los malos resultados. Sin embargo, siempre da por sentado el buen rendimiento. Los líderes eficaces son más conscientes del valor de reforzar las cosas buenas que hacen sus colaboradores que de insistir en sus errores e ineficiencias.

Cuando las personas escuchan continuas críticas, empiezan a sentirse estúpidas, inferiores y resentidas. Cuando alguien hace algo que no es satisfactorio, tu objetivo debe ser corregir el comportamiento, no hacer que la persona se sienta mal.

El famoso psicólogo estadounidense B.F. Skinner señaló que las críticas suelen reforzar el mal comportamiento. Esto se debe a que el infractor solo recibe atención cuando se le critica, y la gente busca atención consciente o inconscientemente. Skinner recomendó minimizar nuestra reacción al mal comportamiento y maximizar nuestra apreciación del buen comportamiento. Aprovecha los puntos fuertes de la persona en lugar de sus puntos débiles.

En lugar de reñir a un trabajador por hacer algo mal, llévatelo a un lado y dile en voz baja: «Estás haciendo algunos progresos en el trabajo. Deja que te enseñe una forma más fácil de hacerlo». Cuando el trabajo mejore, arma un buen revuelo al respecto.

Los cumplidos también pueden ayudarte mucho a llevarte bien con las personas difíciles. La eficacia social de cada individuo se basa en el concepto que este tiene de sí mismo. Cuando una persona se muestra crítica, hostil o poco amable, casi siempre es porque la imagen que esa persona tiene de sí misma se ve amenazada. Ayúdale a curar esa herida y es probable que su actitud cambie ciento ochenta grados.

Más que un cumplido superficial, un cumplido sincero tiene los siguientes atributos:

- Identifica un rasgo que respetas/admiras/aprecias en el individuo.
- Expresa tu admiración por el rasgo.

Apoyar tu cumplido con pruebas concretas —algo que hayas observado que hace la persona— respalda tu opinión sobre el rasgo. Por ejemplo: «Sin duda eres una persona organizada, Sue. Cada vez que alguien en esa reunión tenía una pregunta sobre nuestro proyecto, tenías la información a mano para darle una respuesta detallada. Realmente admiro el esfuerzo que pusiste en preparar ese informe».

Para lograr que los cumplidos sean sinceros y eficaces:

- Mantén el contacto visual.
- Utiliza su nombre.
- Señala una virtud simple: «Una cualidad que me gusta de ti es...».
- Da pruebas: «La razón por la que digo eso es...».

Cuando recibas cumplidos de otros, no los desacredites con una muestra de falsa modestia, como diciendo: «No ha sido para tanto» o frases por el estilo.

Recuerda que la otra persona necesita sentirse importante, así que devuélvele un agradecimiento sincero y comparte lo mucho que significa para ti que haya percibido tu virtud.

Cuando trates con personas, recuerda que no estás tratando con criaturas lógicas, sino con criaturas emocionales.

DALE CARNEGIE

No critiques, condenes ni te quejes

Hacer un amigo es solo el primer paso. Conservar ese amigo no es automático. Hay que trabajar en ello. Una de las principales causas de perder un amigo es criticarlo. Criticar a los demás no solo daña la imagen que esa persona tiene de sí misma, sino que también hace mella en la tuya. Criticar es inútil porque pone a la persona a la defensiva y suele hacer que esa persona intente justificarse en lugar de corregir el problema. Provoca resentimiento y antagonismo. Pone en peligro las relaciones con los amigos actuales, la familia y los compañeros de trabajo.

Dale Carnegie nos recuerda que, si queremos despertar un resentimiento que perdure durante años, basta con que nos permitamos una crítica mordaz, estemos o no seguros de que está justificada.

Ann S., ama de casa de Wichita (Kansas), cuenta que era muy criticona. «Solía criticar a mi marido y a los niños por cosas como dejar los calcetines tirados o sorber el café. Eso no solucionaba nada y solía crear una discusión que duraba días. Ahora, en lugar de criticar, ignoro los problemas menores y hago sugerencias constructivas para corregir a los demás. Ahora, nuestras vidas son más tranquilas y agradables».

La crítica puede ser sutil, y el que critica puede incluso no darse cuenta de que la persona criticada está molesta por ello. George L. solía hacer comentarios sarcásticos a los empleados, suponiendo que su «humor» suavizaría las críticas. Solo después de que su jefe recibiera varias quejas sobre sus métodos de supervisión se dio cuenta de cómo su sarcasmo afectaba realmente a sus colaboradores.

Por supuesto, hay que corregir los errores y los malentendidos. Sigue el consejo de B. F. Skinner: en lugar de decir: «Te has equivocado» o «Tu trabajo no es bueno» o comentarios similares, di: «Deja que te enseñe una forma mejor de abordar esto» o alguna frase por el estilo.

Puedes decirle a un hombre que se equivoca con una mirada, una entonación o un gesto tan elocuentemente como con palabras, y si le dices que se equivoca, ¿le das la razón? Jamás. Porque habrás asestado un golpe directo a su inteligencia, a su juicio, a su orgullo, a su amor propio. Eso hará que quiera devolver el golpe. Pero nunca hará que quiera cambiar de opinión. Puedes lanzarle toda la lógica de un Platón o un Immanuel Kant, pero no cambiarás su opinión porque has herido sus sentimientos.

DALE CARNEGIE

Suma y sigue

Para hacer amigos y conservarlos, pon en práctica estas sugerencias de Dale Carnegie:

- «Puedes hacer más amigos en dos meses interesándote de verdad por los demás, que en dos años intentando que los demás se interesen por ti. Que es una forma de decir que hacer un amigo es serlo».
- Interésate de verdad por los demás. Sé un buen oyente. Anima a los demás a hablar de sí mismos.

- Recuerda que el nombre de una persona es, para ella, el sonido más dulce e importante en cualquier idioma.
- No critiques, condenes ni te quejes. Gánate la amistad y la cooperación evitando las críticas y ofreciendo apoyo.
- Céntrate en los puntos fuertes de las personas y refuérzalos con comentarios positivos.
- Da las gracias de forma sincera y honesta. Expresa tu agradecimiento a las personas que hacen posible tus éxitos y que hacen tu vida cotidiana más placentera.

3

Las tres «C»: Cooperación, Colaboración y Compañerismo

Gran parte de nuestros logros se deben a la interacción que mantenemos con otras personas. Podemos hacer muchas cosas solos, pero, cuando combinamos nuestros esfuerzos y pensamientos con los de los demás, agudizamos nuestras facultades y añadimos esperanza, ánimo y utilidad a nuestras vidas.

El Dr. Arthur Pell, consultor de Recursos Humanos que estudió los estilos de gestión de líderes de éxito en la industria y en organizaciones sin ánimo de lucro, informó que los factores más importantes con diferencia eran lo que él denominaba «las tres C: Cooperación, Colaboración y Compañerismo».

La mayoría de los psicólogos coinciden en que cuando las personas trabajan juntas en un entorno de «Tres C», ya sea en el trabajo o en sus relaciones personales, conseguirán más, serán más felices y enriquecerán sus vidas.

Muchas de las personas más significativas de nuestra vida son nuestros familiares —padres, cónyuges, hijos y otros parientes— y nuestros amigos más íntimos. Aprendemos de ellos y ellos aprenden de nosotros.

Relacionarnos con ellos enriquece nuestras vidas y puede contribuir significativamente a nuestro éxito.

También son muy importantes en nuestra vida los compañeros de trabajo. Pueden ser socios o colegas, empleados o jefes, clientes o proveedores. Son los hombres y mujeres con los que nos relacionamos en el trabajo. Son nuestros socios en la búsqueda del éxito, y nosotros, a su vez, contribuimos a su éxito.

Veamos a estas personas como «colegas», de modo que trabajando juntos podamos conseguir más que cada uno de nosotros trabajando solo. Podemos obtener su cooperación y colaboración reconociendo que son iguales a nosotros en el deseo de alcanzar nuestros objetivos.

Muestra un interés genuino hacia los demás

Siempre es un error perder la oportunidad de reunirse con otras personas, porque siempre podemos llevarnos algo de valor. Es a través de las relaciones sociales como se liman nuestras asperezas, como nos volvemos pulcros y atractivos. Si entras en la vida social con la determinación de aportarle algo, de convertirla en una escuela de superación personal, de sacar a relucir tus mejores cualidades sociales, de desarrollar las células latentes del cerebro que han permanecido dormidas por falta de ejercicio, no encontrarás la sociedad ni aburrida ni inútil. Pero debes darle algo o no conseguirás nada.

Cuando aprendas a considerar que todas las personas que conoces guardan un tesoro, algo que enriquecerá tu vida, que ampliará y ensanchará tu experiencia, no verás el tiempo como algo perdido.

Una de las formas más seguras de hacer un amigo e influir en la opinión de otra persona es tener en cuenta su opinión y dejar que mantenga un sentimiento de importancia.

DALE CARENGIE

Colaboración en el trabajo

Audrey R. aprendió una importante lección en su primera semana como gerente de una zapatería femenina. Audrey había sido una gerente de éxito en otra tienda de la cadena y había sido ascendida para hacerse cargo de la dirección de una tienda más grande, pero con malos resultados, en otra parte de su ciudad. Tras examinar la distribución de la tienda, ordenó inmediatamente una serie de cambios. Se dio cuenta de que sus empleados parecían reacios a seguir sus instrucciones. En lugar de imponérselas, recordó el principio de Dale Carnegie de que una de las formas más seguras de hacer amigos e influir en la opinión de los demás es tener en cuenta sus opiniones, dejar que se sigan sintiendo importantes Haciendo algunas preguntas, se enteró de que los dependientes no estaban contentos con la distribución de la tienda, pero el anterior director no les había dado la oportunidad de hacer sugerencias. El resultado fue una serie de excelentes sugerencias que mejoraron notablemente la situación.

El viejo dicho de que «dos cabezas piensan mejor que una» puede ampliarse a «tres cabezas piensan mejor que dos» y así sucesivamente. Si podemos utilizar la capacidad intelectual de los demás combinada con la nuestra, como hizo Audrey, las posibilidades de éxito aumentan. Convierte a estas personas en socios en tu trabajo o en cualquier otro aspecto de tu vida en el que entren.

La colaboración tiene tres facetas esenciales:

- **Respeto:** Tanto si se trata de socios comerciales, miembros de la familia o conocidos, debes tener respeto por los hombres y mujeres con los que has decidido colaborar.
- **Confianza:** A menos que confíes plenamente en tus socios, no podrás colaborar de verdad. Debes creer en ellos y ellos en ti.

- **Cooperación:** La esencia de la colaboración es trabajar juntos. Debes compartir objetivos comunes, el entusiasmo por alcanzarlos y tus pensamientos, y estar abierto a sus ideas.

Desarrolla un equipo

Desde la infancia, en la escuela y en la cancha, hemos aprendido a relacionarnos con los demás. Participamos en deportes de equipo, trabajamos con compañeros en las tareas escolares, nos unimos a otros en debates y demás programas extraescolares. Cuando entramos en el mundo laboral, descubrimos que en la mayoría de los trabajos teníamos que colaborar estrechamente con compañeros, recibir órdenes de un jefe y tratar con clientes y otras personas con las que interactuábamos.

A medida que las empresas se hacen más grandes y complejas, resulta más eficaz trabajar en grupo que individualmente. Muchas empresas animan a los miembros de estos grupos a considerarse un equipo.

En lugar de dirigir y supervisar de cerca las actividades del grupo y tomar todas las decisiones relacionadas con ese trabajo, el directivo eficaz utiliza las tres C y da más responsabilidad a sus colegas. Esto los anima a pensar en ellos como socios que trabajan juntos para lograr un objetivo común.

El empresario y hombre o mujer de negocios enérgico es eficaz en la medida en que sabe inspirar y motivar a los demás para que trabajen. No se trata solo de dar órdenes.

Es menos probable que el verdadero líder diga: «Yo soy el jefe. Hazlo a mi manera». Es más frecuente escuchar: «Trabajemos juntos para hacer el trabajo». De este modo, el líder levanta el ánimo e infunde en los demás el deseo de trabajar para obtener un resultado beneficioso. Napoleón dijo: «La moral es a la fuerza física lo que diez es a uno». En otras palabras, las cualidades intangibles de la motivación, el deseo, la energía y el coraje valen diez veces más que el mero número de hombres, armas y material (suministros, equipamiento y armamento).

¿Sabes cuál es el rasgo más importante que puede tener una persona? No es la capacidad ejecutiva; no es una gran mentalidad; no es la bondad, ni el valor, ni el sentido del humor, aunque cada uno de ellos sea de enorme importancia. En mi opinión, es la capacidad de hacer amigos, que, resumida, significa la capacidad de ver lo mejor de los demás.

DALE CARNEGIE

La colaboración estimula tu propio pensamiento

Al trabajar en estrecha colaboración con los miembros del equipo y con especialistas en áreas ajenas a tu propia experiencia, no solo aprendes de ellos (y ellos de ti), sino que la interacción dentro del grupo estimula tu propio pensamiento. Afina tu inteligencia, agudiza tu perspectiva y alimenta tu creatividad.

A menudo, las ideas de una persona despiertan ideas en otras. Tu cerebro tiene potencial para crear pensamientos ilimitados. Gran parte de nuestro poder cerebral reside en lo más profundo de nuestro subconsciente. Está esperando a ser descubierto. Cuando un grupo de personas discute una situación, las ideas surgen del subconsciente por algo que dice uno de los otros miembros del equipo.

Cualquier idea puede plantar una semilla en la mente de otro que germine en otra idea; a medida que cada persona expresa pensamientos y conceptos, cada uno de los demás participantes absorbe, adapta y da forma a esa idea en su propia mente, y el esfuerzo de colaboración da lugar a un nuevo pensamiento que no podría haberse producido por sí solo.

La colaboración estimula tu propio entusiasmo

Cuando las personas participan en la toma de una decisión, se comprometen con su éxito. El hecho de haber participado en el proceso de toma de decisiones les hace «dueños» del plan. Y no hay nada tan poderoso como la apropiación para generar entusiasmo. La mente no deja de repetirse: «Es mi proyecto. Debe tener éxito». Lo que ocurre en la mente es lo que determina el resultado.

Cuando la gente se entusiasma de verdad, se nota en el brillo de sus ojos, en su personalidad despierta y vibrante. Se nota en la cadencia de sus pasos. Se nota en el brío de todo su ser. El entusiasmo marca la diferencia en la actitud hacia los demás, hacia el trabajo, hacia el mundo. Marca la gran diferencia en el deleite y el placer de la existencia humana.

Cuando la gente está entusiasmada con un plan, le dedicará toda su energía, tanto física como mental. Se esforzarán al máximo para garantizar su éxito. Cuando estamos entusiasmados con algo que hacemos, la emoción, la alegría y el sentimiento interno de satisfacción impregnan toda la actividad. No siempre es fácil entusiasmarse con muchas de nuestras actividades cotidianas, pero es posible si nos esforzamos. Cuando el equipo en colaboración está entusiasmado, la energía y el entusiasmo son abrumadores, y el éxito está asegurado.

La colaboración en tu vida personal

La colaboración —trabajar estrechamente con los demás— no se limita a tu negocio o tu carrera. Debería formar parte de todos los aspectos de tu vida. Los seres humanos no estamos hechos para vivir solos.

Debemos desarrollar relaciones de colaboración con nuestro cónyuge, nuestros hijos, nuestros amigos, nuestros líderes religiosos y nuestros socios sociales y políticos.

Probablemente las relaciones más importantes de la vida son las que mantenemos con los miembros de nuestra familia. De niños, dependemos de nuestros padres para recibir apoyo físico y emocional. Es nuestra primera experiencia de colaboración. A medida que crecemos, la relación unilateral dominante-padre-sumiso-hijo cambia a una relación más colaborativa. El niño asume responsabilidades, realiza tareas y, con el tiempo, se convierte en un miembro interdependiente del hogar.

En el matrimonio, las relaciones más eficaces y felices entre los miembros de la pareja se basan en la colaboración. Es cierto que cada miembro del matrimonio tiene sus funciones especiales, pero es la forma en que se interrelacionan lo que determina la buena marcha de su matrimonio, la educación de los hijos y el éxito de ambos en la consecución de sus objetivos personales.

Como dijo Tolstoi: «Todas las familias felices se parecen entre sí, pero cada familia infeliz lo es a su manera». El hilo conductor de la familia feliz es el respeto mutuo. Trabajan y juegan juntos; son auténticos socios, son colaboradores.

Nuestro mundo social incluye no solo a la familia, sino también a amigos y conocidos que comparten con nosotros diversas partes de nuestra vida. Tenemos algunos amigos a los que estamos tan unidos como a la familia. También pueden ser compañeros en algunos aspectos de nuestra vida. Nos relacionamos con miembros de organizaciones a las que pertenecemos; tenemos relaciones sociales con hombres y mujeres de nuestra comunidad y nuestras iglesias.

En distintos momentos, cualquiera de estas personas puede pasar a formar parte de un grupo de colaboración. Podemos tener un interés especial en una cuestión política y unirnos a ciudadanos con ideas afines para dedicarnos a este asunto. Podemos participar en un equipo deportivo y unirnos a compañeros en los partidos. En nuestras actividades religiosas, formamos parte de una iglesia, mezquita, templo o asamblea y nos unimos a otros fieles en la oración, el estudio y otras actividades. ¿Te cuesta conseguir la cooperación de los demás? Prueba estos métodos. Seguro que funcionan:

- Involucra al colega negativo o reacio poniéndolo en el papel de líder o asistente.
- Di: «Necesito tu ayuda».
- Pregunta: «¿Qué te parece?».
- Sugiere: «Vamos a intentarlo».
- Aprende lo que motiva a los que te rodean y habla desde el punto de vista de la otra persona.
- Propón un buzón de sugerencias para ideas y opiniones, y responde o actúa en consecuencia a estas.
- Muéstrate dispuesto a ceder y negociar.
- Explica tu punto de vista y estipula el beneficio para los otros miembros del equipo.
- Pide apoyo y ofrece dar una mano cuando se necesite.

Crea un clima propicio al crecimiento

No hay nada más engañoso que la filosofía de que si un joven tiene algún potencial, saldrá de forma natural. Puede que salga o puede que no. Depende en gran medida de las circunstancias, de la presencia o ausencia de un entorno que despierte la ambición y de las agallas. La mayor capacidad no siempre va acompañada de la mayor confianza o ambición.

Pero, ¿cómo pueden saber los hombres o mujeres que permanecen detrás de mostradores, vendiendo zapatos o electrodomésticos, trabajando en una cadena de montaje o introduciendo datos en ordenadores, año tras año, qué poder latente de organización o qué capacidad ejecutiva o de iniciativa poseen? Es cierto que algunos los más ambiciosos y valientes salen y emprenden negocios por su cuenta, pero no por ello son siempre más hábiles que los que se quedan atrás. A veces, la mayor capacidad va acompañada de una gran modestia e incluso timidez.

Cuando Aaron C. recibió un ascenso muy importante, desarrolló una habilidad tan asombrosa en los seis meses siguientes a la fecha de dicho ascenso, que sorprendió a todos los que le conocían. Incluso sus mejores amigos no creían que fuera capaz. Pero las grandes responsabilidades, la situación desesperada que le impusieron, sacaron a relucir sus reservas de poder y muy pronto demostró de qué pasta estaba hecho. Este ascenso, y un pequeño impulso en la empresa que le había tocado, despertaron su ambición y sacaron a relucir un poder que antes ni siquiera soñaba poseer.

La desesperación puede sacar lo mejor de algunas personas, pero con la misma frecuencia provocará pánico y fracaso. Las empresas deben preparar a sus empleados para el progreso estableciendo un clima que genere éxito.

Sam Walton, el fundador de Wal-Mart Stores, estableció un clima para las tres C al principio de su carrera. Su filosofía básica, que enseñó a todos sus directivos, era: «Conoce a tu gente, sus familias, sus problemas, sus esperanzas y ambiciones. Aprecia y elogia a tus empleados como individuos. Muestra tu interés a diario. Todos somos personas con virtudes y defectos varios. Así que el verdadero compromiso, más una generosa porción de comprensión y comunicación, nos ayudará a ganar. Los líderes siempre deben poner a su gente antes que a sí mismos. Si lo hacen, su empresa se cuidará sola».

No solo llamaba «socios» a sus empleados, sino que establecía un entorno en el que sus ideas y sugerencias eran escuchadas y consideradas seriamente. La cooperación y la colaboración están arraigadas en la organización, y la mayoría de sus directivos y ejecutivos ascienden de categoría.

Solo hay una forma en este mundo de conseguir que alguien haga algo. Y es haciendo que la otra persona quiera hacerlo.

Por supuesto, puedes hacer que alguien quiera darte su reloj clavándole un revólver en las costillas. Puedes hacer que un empleado te preste su colaboración —hasta que le des la espalda— amenazándole con despedirle. Se puede hacer que un niño haga lo que uno quiere con un látigo o una amenaza. Pero estos métodos burdos tienen repercusiones muy indeseables

La única forma de conseguir que hagas algo es dándote lo que quieres.

DALE CARNEGIE

Andrew Grove, fundador de Intel Corporation, dice: «Dota al trabajo de las características de los deportes de competición. La mejor manera de introducir ese espíritu en el lugar de trabajo es establecer las reglas del juego y proporcionar medios para que los empleados se midan a sí mismos». Grove trabajaba con una camarilla de hombres y mujeres técnicos, de marketing, financieros y administrativos. Una forma de desarrollar este espíritu de equipo es crear y mantener un entorno de trabajo informal. Todo el mundo trabaja en cubículos de dos por tres metros. No hay despachos privados ni plazas de aparcamiento especiales u otros privilegios para los ejecutivos. Son auténticos colegas. Los empleados tienen un generoso plan de opciones sobre acciones, de modo que, si la empresa gana dinero y las acciones suben, pueden compartir las ganancias. Intel ya ha producido miles de millonarios.

Otro ejemplo de líder empresarial que ha hecho de la colaboración, la cooperación y el compañerismo la clave de su estilo de gestión es Ross Perot, fundador de EDS. Cuenta cómo el compañerismo en un equipo puede lograr milagros:

Hace unos años, mi empresa participó en la mayor competición de la historia de la industria informática. Cuando el polvo se disipó, quedaban dos competidores en el ring: IBM y nosotros.

Era como los *New York Yankees* contra los *Bad News Bears*. Ellos asignaron trescientas veinte personas; nosotros, quince. A los treinta días de la competición, entré en la sala y nuestros quince chicos decían: «Vaya, probablemente no podamos ganar, pero será una gran experiencia». No salté ni reprendí a nadie. Simplemente me dirigí a la pizarra y escribí los siete criterios por los que seríamos juzgados. Y en voz baja dije: «Vamos a ganarles siete a cero». Ese fue el día que ganamos.

Te preguntarás: «¿No aparecieron los financieros y dijeron: "Vamos a por el cuatro a tres, es más rentable"?». No, siete-cero. Nuestro equipo luchó dos años, noche y día, siete días a la semana. Y finalmente, fuimos declarados vencedores. En nuestra empresa tenemos por costumbre reconocer y recompensar la excelencia el mismo día en que se produce. Pues bien, recibieron sus primas, aumentos, opciones sobre acciones, y esa noche celebramos una gran fiesta.

La cuarta «C» – Credibilidad

Para que las tres C funcionen, en primer lugar, la dirección debe ser aceptable para el personal. La dirección debe creer en su personal. Debe tener credibilidad. La credibilidad no se deriva únicamente de las credenciales o cualificaciones de una persona. La credibilidad se establece a través de nuestro carácter, nuestros valores y nuestra actuación con integridad. A la hora de establecer la credibilidad, lo que cuenta no es lo que sabemos, sino lo que hacemos con lo que sabemos.

He aquí trece formas de establecer credibilidad en el lugar de trabajo:

- Conoce a tu gente. Averigua qué les motiva y ayúdales a aprender y crecer.
- Anímales a expresar sus ideas incluso cuando sepan que puedes no estar de acuerdo con ellas honra y encuentra mérito en las diferencias de opinión, los prejuicios y la diversidad.
- Implícalos en las decisiones; escucha con una mente abierta; sé receptivo ante las nuevas ideas establece un sistema de colaboración en la toma de decisiones.
- Habla con franqueza y decisión. En lugar de dar órdenes, vende tus ideas.
- Ofrece pruebas que respalden tus argumentos.
- Sé un experto modesto y muéstrate dispuesto a aceptar la experiencia de los demás.
- Sé fiable; cumple las promesas, acaba lo que empieces.
- Actúa de forma racional, justa y honesta.
- Delega y luego deja hacer. No microgestiones.
- Sé un recurso: No digas «No lo sé», di «Lo averiguaré».
- Sé realista a la hora de comunicar objetivos y resultados.
- Acepta la responsabilidad y admite los errores, los fallos y las desventajas.
- Comparte la gloria: reconoce los logros de los demás.

Colabora en la resolución de problemas

George se enorgullecía de su capacidad para resolver problemas. Pasaba horas estudiando, analizando y, con el tiempo, ideando soluciones a los diversos problemas que surgían en su trabajo. La mayoría de las veces funcionaban; a veces había que repensarlas y ajustarlas. Cuando se lo comentó a su jefa, esta le dijo: «George, se te da bien resolver problemas, pero puedes mejorar tu porcentaje de éxito. Tienes un grupo de colegas brillantes en tu departamento. ¿Por qué no lo aprovechas y les haces participar más?».

«Resolver problemas es mi trabajo. Para eso se contrata a un directivo», replicó George.

«Tu trabajo consiste en gestionar el departamento de la manera más eficaz. Debes utilizar todos tus recursos con eficacia, y eso incluye tus recursos humanos. Inténtalo».

Por sugerencia de su jefe, George asistió a un seminario sobre resolución de problemas y toma de decisiones y empezó a poner en práctica lo aprendido.

Reunió a su grupo y les presentó esta fórmula para que la siguieran:

1. Identifica claramente cuál es el problema.
2. Determina las causas del problema.
3. Sugiere posibles soluciones.
4. Determina cuál es la mejor solución posible.
5. Aplica la solución. Para ello, designa a un responsable para la implementación de la solución y fija un calendario para ello.

Utiliza la «mente colectiva»

El uso de la «mente colectiva» implica una lluvia de ideas con otras partes interesadas, lo que constituye un potente enfoque para completar los tres primeros pasos de la fórmula de resolución de problemas presentada en la sección anterior.

La lluvia de ideas se denomina a veces «pensamiento de luz verde» porque todas las ideas tienen «luz verde» para seguir adelante.

El objetivo de la lluvia de ideas es contemplar una situación con una mente abierta y que cada participante aporte ideas, ya estén relacionadas con la naturaleza del problema, con el motivo por el que se ha desarrollado o con posibles soluciones. La diferencia entre el tipo habitual de reunión y la luvia de ideas es que el objetivo es generar el mayor número posible de ideas, no criticarlas, analizarlas o aceptarlas o rechazarlas. Cualquier idea, por ridícula o carente de valor que parezca, es bienvenida.

El principio psicológico en el que se basa la lluvia de ideas se denomina *triggering* (desencadenante en inglés).

Cualquier idea puede desencadenar otra en la mente de un oyente. Una idea «tonta» de una persona puede dar lugar a una idea brillante de otra. Al permitir que los participantes piensen libremente y no se preocupen por cómo será recibida la idea por sus colegas o su jefe, son libres de distender la mente y hacer sugerencias que, aunque puedan tener poco o ningún valor en sí mismas, allanan el camino para una idea que puede tener valor.

Recuerda, esto es «luz verde». Verde significa ¡Adelante! No se permiten comentarios, ni a favor ni en contra. No hay luz «ámbar» de precaución ni luz «roja» de stop para ralentizar o detener el flujo de ideas. Se anima a los participantes a «hacer autostop» con las ideas que se presenten.

Tras la sesión, las ideas —todas ellas grabadas— están listas para el análisis. Ahora se apaga la luz verde y se pasa a la luz analítica, se da el paso hacia el pensamiento crítico. Las ideas producidas en el paso de pensamiento con luz verde pueden ahora empezar a evolucionar a través de un proceso de supervivencia del más apto.

Para asegurarte de que eliges una buena solución, despeja tu mente de ideas preconcebidas. Es fácil decir: «Ya lo intentamos antes y no funcionó». Quizá el problema sea algo distinto del anterior.

Quizá lo que no funcionó entonces pueda funcionar ahora gracias a las nuevas tecnologías o a la mayor capacidad del personal.

Haz tu análisis sistemáticamente. No confíes en la intuición. Establece criterios con los que pueda medirse una idea. A continuación, evalúa el nuevo concepto en función de cada criterio. De este modo estarás utilizando pautas objetivas y pertinentes para determinar el valor de la sugerencia.

Cuando tu gente no está de acuerdo

Una cosa es cuando el desacuerdo se da entre tú y otra persona, pero, a menudo, tú no eres parte en el desacuerdo: es entre otras personas a las que supervisas o que se interrelacionan, y se te pide que lo resuelvas como tercera parte.

Las personas discrepan por muchas razones, algunas de las cuales son lógicas: diferencias de opinión legítimas. Otras veces, el origen de un desacuerdo es emocional: las personas implicadas tienen fuertes sentimientos sobre el asunto en cuestión o sobre los demás. El trabajo del líder consiste en resolver las diferencias para que el progreso y la productividad puedan avanzar sin trabas.

Cuando Karen H. delegó un proyecto especial en Jack y Jacqueline, se encontró con un grave desacuerdo entre ellos sobre cómo debía llevarse a cabo el proyecto. Cada uno de ellos tenía ideas a las que se sentían muy apegados. Karen tuvo que ayudar a superar las diferencias o el proyecto no se llevaría a cabo. En el lugar de trabajo, un directivo puede resolver las diferencias entre sus empleados de dos maneras: arbitraje o mediación. En el arbitraje, el directivo escucha a ambas partes y luego decide qué curso seguir. En la mediación, el directivo intenta ayudar a las partes en conflicto a resolver sus diferencias. Cada enfoque tiene sus ventajas y limitaciones.

El arbitraje lleva menos tiempo, y el tiempo puede ser importante. Sin embargo, depende de que un tercero tome una decisión que puede ser insatisfactoria para una o ambas partes del desacuerdo. La mediación, aunque requiere tiempo, anima a los participantes a reflexionar y llegar a una solución de mutuo acuerdo. Cuando se anima a las personas implicadas en un desacuerdo a elaborar sus propias soluciones, es más probable que ambas acepten la decisión. El proceso también sirve como experienciade aprendizaje y ayuda a los participantes a aumentar sus conocimientos y su capacidad para resolver conflictos futuros.

Resolución de conflictos

¿Cómo medió Karen en el problema entre Jack y Jacqueline? En cuanto se enteró del desacuerdo, los llamó a su despacho y les dijo que les ayudaría a llegar a un acuerdo. A continuación, les explicó el proceso que iba a seguir. Ambas partes deben conocer el proceso de resolución de conflictos para obtener los mejores resultados.

Una vez discutidas y aceptadas las reglas básicas, Karen pide a Jack que exponga su punto de vista sobre la situación. Se podría pensar que, después de que él lo haga, Jacqueline tiene la oportunidad de decir cómo ve el problema, pero hay un paso intermedio. A Jacqueline se le pide que vuelva a exponer el punto de vista de Jack. Este es un factor clave para el éxito de la mediación.

A menos que cada persona comprenda plenamente cómo ve el problema la otra, no será posible llegar a un entendimiento mutuo. Si Karen se hubiera saltado este paso y hubiera pedido a Jacqueline que contara su versión de los hechos en lugar de revisar los comentarios de Jack, ¿qué crees que podría ocurrir? Mientras Jack hacía su declaración, Jacqueline probablemente solo habría escuchado con la mitad de su atención: la otra parte de su cerebro estaría concentrada en lo que podría decir para rebatir los argumentos de Jack. Exigir un repaso de los argumentos de la otra parte obliga a cada parte a escuchar realmente a la otra.

Después de que Jack haya aceptado que la interpretación de Jacqueline de su punto de vista es correcta, Jacqueline describe cómo percibe el problema y Jack expresa su comprensión del punto de vista de ella. Una vez que Karen esté segura de que ambos ven el problema de la misma manera, puede pasar al siguiente paso: enumerar las áreas de acuerdo y desacuerdo.

En la mayoría de las situaciones hay muchos más aspectos en los que las partes en conflicto están de acuerdo que en desacuerdo. Al enumerar estos puntos en un bloc, se puede prescindir rápidamente de las áreas de acuerdo y las partes pueden concentrarse en los asuntos que deben resolverse. Con la orientación de Karen, Jack y Jacqueline resuelven sus diferencias sobre cada punto.

Como ningún directivo dispone de tiempo ilimitado para resolver un problema, conviene fijar un límite de tiempo para esta reunión. Si al final de la reunión no se han resuelto todos los puntos, se puede programar otra. El tiempo que se dedique a mediar en un desacuerdo dependerá de la urgencia de la situación y de las exigencias de tiempo del directivo y de cada uno de los participantes. Después de hacer todo lo posible por mediar en el plazo acordado, es posible que siga habiendo puntos sobre los que no se haya llegado a un acuerdo. En este caso, Karen tendrá que arbitrar estas cuestiones; el arbitraje es un último recurso, que solo se utiliza cuando fracasa la mediación.

Arbitrar el conflicto

Los cinco pasos siguientes pueden ayudarte a arbitrar un conflicto, si decides abordarlo de ese modo:

1. **Conoce los hechos.** Escucha atentamente a ambas partes. Investiga por tu cuenta para obtener información adicional. No te límites a los «hechos concretos». Infórmate sobre los sentimientos y emociones subyacentes.

2. **Evalúa los hechos.** Asegúrate de comprender la naturaleza del problema y los matices y sutilezas que puedan afectar a la situación.
3. **Estudia las alternativas.** ¿Son las soluciones propuestas por las dos partes las únicas posibles? ¿Se pueden alcanzar compromisos? ¿Es posible otra solución?
4. **Toma una decisión.** Como árbitro, tú eres el responsable final de tomar la decisión definitiva.
5. **Notifica tu decisión a las dos partes.** Asegúrate de que la entienden perfectamente. Si es necesario, «véndesela» para que estén de acuerdo y se comprometan a aplicarla. Cuando expliques por qué has tomado la decisión que has tomado, trata a tus socios como adultos. Es infantil decir: «Soy el jefe y esto es lo que he decidido». Haz saber a todos los implicados el porqué de las decisiones y aclara los malentendidos antes de poner en práctica la solución.

Conflictos emocionales

Veamos ahora los conflictos causados por motivos emocionales más que lógicos. Si el motivo de la disensión es una ira o un resentimiento profundamente arraigados, no hay mucho que hacer. En la lucha por el ascenso o el poder dentro de una organización, algunas personas pueden apuñalar a otras por la espalda para obtener una ventaja. Es poco probable que se pueda persuadir a la víctima para que acepte lo que ha hecho el agresor.

Sin embargo, en la mayoría de las situaciones, la antipatía no está muy arraigada, sino que se debe a malentendidos o a reacciones adversas intangibles y vagas hacia la otra persona.

Larry estaba preocupado por la falta de espíritu de equipo en su departamento. Las discusiones eran constantes y de vez en cuando se producían altercados. Tras asistir a un taller de resolución de conflictos, que forma parte del Sistema de Desarrollo Basado en Competencias de Dale Carnegie, Larry convocó una reunión para aplicar una de las ideas que había aprendido.

Tras una breve charla de «calentamiento» sobre la importancia del trabajo en equipo en su trabajo, Larry pidió a cada una de las seis personas de su grupo que escribieran los nombres de las otras cinco en un bloc que les proporcionó y que escribieran junto a cada nombre lo que más les gustaba de esa persona. Luego hizo que cada uno leyera lo que había escrito mirando a esa persona mientras leía la frase.

Carl miró a Marie y leyó: «Cuando te pido información o ayuda, por muy ocupada que estés, te paras y me das lo que necesito». Como Carl nunca le había dado las gracias ni le había transmitido que apreciaba su ayuda, Marie había considerado a Carl un pesado desagradecido. Ahora empezaba a tener una opinión más positiva de él.

Lil le dijo a Ron: «Cuando llego por la mañana, estoy de mal humor. Siempre me haces sentir mejor con tu alegre "Buenos días"». Ron consideraba a Lil «una gruñona» y no le gustaba tratar con ella. Este reconocimiento le hizo sentirse mejor con ella.

Cuando los participantes vuelven a su trabajo, cada uno tiene sentimientos más positivos hacia sus compañeros. Es difícil que no te guste alguien que acaba de decir algo bueno de ti. Los resultados pueden mejorar si el directivo se mantiene alerta a las interacciones de su gente. Cuando otro miembro del grupo hace un comentario desagradable sobre una persona, el directivo debe recordar al infractor el cumplido que le hizo ese otro colega en la reunión. Esto refuerza el efecto de la reunión y aclara las cosas, restableciendo la buena voluntad que se había creado.

Suma y sigue

Las tres «C» del trabajo productivo con los demás son la cooperación, la colaboración y el compañerismo. Para potenciar las tres C, sigue estas sugerencias:

- Para ganarte la cooperación, colaboración y colegialidad de las personas con las que te relacionas:
  - Di: «Necesito tu ayuda».
  - Pregunta: «¿Qué te parece?».
  - Sugiere: «Vamos a intentarlo».
- Cuando te enfrentes a un problema, haz una lluvia de ideas con tus compañeros.
- Aprende qué motiva a los que te rodean y habla desde el punto de vista de la otra persona.
- Muéstrate dispuesto a ceder y negociar.
- Explícales tu punto de vista y estipula el beneficio para los otros miembros del equipo.
- Pide apoyo y ofrece echar una mano cuando haga falta.
- Cuando los miembros de tu grupo estén en desacuerdo, busca la causa y trabaja con ellos para que lo resuelvan por sí mismos a través de la mediación.
- Anima a tus colaboradores a buscar lo mejor, no lo peor, en sus colegas.
- Cuando arbitres un conflicto, sigue los siguientes pasos:
  1. Conoce los hechos.
  2. Evalúa los hechos.
  3. Estudia las alternativas.
  4. Toma una decisión.
  5. Notifica la decisión a todos los interesados.

4

Ganarse la confianza

La base de cualquier relación, dentro o fuera del trabajo, es la confianza. Cuando la gente no confía en su líder o en uno o varios de sus colaboradores, no se avanza. El éxito o el fracaso de un líder depende de la confianza de sus seguidores. Si la gente confía en ti, escucha lo que dices y suele seguir tus directrices. Si la gente no confía en ti, la mayor parte de lo que digas les entrará por un oído y les saldrá por el otro. No hace falta mucho para que una persona pierda la confianza en otra. Cuando un líder hace una promesa y luego no la cumple, se pierde la confianza. Cuando un colaborador oculta información necesaria a los demás, nadie vuelve a confiar en él.

Recuperar la confianza no es fácil. Si la falta de confianza se da entre los miembros de un grupo, el líder puede intervenir para paliar el problema. Sin embargo, si el líder ha perdido la confianza del grupo, hará falta un esfuerzo extraordinario para restablecer una relación de confianza. Una forma de generar confianza en un equipo o grupo que diriges es animar a tu gente a cultivar un espíritu de independencia a la hora de llevar a cabo sus planes. Dales la oportunidad de expresarse en su trabajo. En lugar de ser un mero engranaje de una máquina, anímalos a pensar por sí mismos y a llevar a cabo sus propias ideas en la medida de lo posible, aunque trabajen para otra persona.

A Nathan Straus, que fue presidente de los grandes almacenes *Macy's* a finales del siglo xix, le preguntaron cuál era el secreto del gran éxito de su empresa. Dijo que era el trato que daban a la persona que estaba al otro lado del acuerdo. Dijo que no podían permitirse el lujo de hacer enemigos; no podían permitirse el lujo de disgustar o aprovecharse de los clientes, o darles razones para pensar que habían sido tratados injustamente; que, a la larga, la persona que daba el trato más justo a la persona en el otro extremo de la negociación saldría adelante más rápido. Esto no solo es cierto en el trato con los clientes, sino que también es un ingrediente esencial en el trato con aquellos hombres y mujeres con los que te relacionas, ya sea como líder o como colega, y en otras relaciones de tu vida.

Algunas personas han alcanzado posiciones de liderazgo mediante el sigilo, la argucia, la dominación de los demás y el trato despiadado con los rivales.

Contrasta a estas personas con las que han llegado a sus puestos gracias a un trato justo, a tratar a los demás con tacto y consideración, y a rodearse no solo de capacidad sino de hombres y mujeres de carácter. Con diferencia, quienes actúan con integridad sacan más partido de su personal, tienen la moral alta en su organización y son admirados por todos.

Creemos instintivamente en el carácter. Admiramos a las personas que defienden algo, que se centran en la verdad y la honestidad. No es necesario que estén de acuerdo con nosotros. Las admiramos por su fuerza, la honestidad de sus opiniones y la inflexibilidad de sus principios.

Tom Monaghan creó Domino's Pizza, que pasó de ser una pizzería de una sola tienda a convertirse en una cadena de varios miles de pizzerías a domicilio a lo largo de treinta años. En 1989, decidió vender su exitosa empresa para concentrarse en labores filantrópicas.

Sin embargo, su plan no funcionó. Al cabo de dos años y medio, la empresa que compró la cadena estuvo a punto de llevarla a la quiebra. Monaghan se lo tomó como una afrenta personal a su integridad. Había pasado años construyendo la empresa y fomentando la confianza de clientes y empleados, y ahora veía cómo la destruían. Recompró la empresa y resolvió reconstruirla y restablecer esa confianza. Movilizó todos sus esfuerzos no solo para devolver a Domino's su prominencia original, sino para ampliarla a seis mil tiendas, de las cuales mil cien están en países más allá de Estados Unidos. Una vez que la cadena volvió a ponerse en pie, Monaghan se enfrentó a un nuevo y serio reto. Domino's basó su principal promoción en su garantía de entrega rápida. La empresa garantizaba que los clientes recibirían su pizza en treinta minutos. Esto dio lugar a una serie de demandas de personas que alegaban lesiones por accidentes causados por conductores de reparto de Domino's que iban a toda velocidad para cumplir el plazo de treinta minutos. La familia de una mujer supuestamente asesinada por un conductor de Domino's en Indiana recibió una indemnización de tres millones de dólares. El golpe final llegó cuando otra mujer fue indemnizada con setenta y ocho millones de dólares. Como resultado, Domino's retiró su garantía de treinta minutos. A pesar de esta catástrofe financiera, Monaghan se negó a rendirse. Una vez más, resolvió restablecer la confianza que había quedado dañada. Invirtió más dinero, tiempo y energía en la empresa y la hizo resurgir de nuevo. Gracias a su persistencia y actitud positiva, siguió adelante e inspiró a su equipo con el espíritu ganador que ha convertido a Domino's en el número uno de su sector.

En lugar de preocuparte por lo que la gente diga de ti, ¿por qué no dedicas tu tiempo a intentar conseguir algo que admiren?

DALE CARNEGIE

No hagas promesas que no puedas cumplir

Todos hemos hecho promesas que no hemos podido cumplir. Las hicimos de buena fe, pero circunstancias sobre las que no teníamos control hicieron imposible su cumplimiento.

Steve prometió a su ayudante, Alicia, que le subiría el sueldo a finales de año. Desgraciadamente, la empresa tuvo un año muy malo y todos los salarios se congelaron. Alicia se sintió decepcionada, por supuesto, pero no perdió la confianza en Steve porque le hizo la recomendación, aunque el aumento no llegara.

Desmond prometió a su equipo que todos recibirían primas si terminaban el proyecto antes de lo previsto. Sin embargo, Desmond no tenía autoridad para hacer tal promesa y, cuando su equipo no recibió la bonificación, perdieron su confianza en él.

Es muy difícil, si no imposible, recuperar la confianza de las personas que han sido engañadas.

Es poco probable que los miembros del equipo de Desmond se sientan motivados por él para dar todo lo que puedan y más en futuros encargos.

Todos debemos desarrollar la confianza

El desarrollo de la confianza no se limita a los hombres y mujeres que dirigen una organización. Es esencial que todas las personas se ganen la confianza de sus colegas, ya sea en el trabajo o en otros aspectos de su vida.

Todos hemos conocido a empleados que son expertos en evitar el trabajo duro. De hecho, trabajan más maquinando, eludiendo sus responsabilidades y evitando el trabajo necesario para cumplir con sus obligaciones que lo que habrían trabajado si hubieran intentado hacerlo lo mejor posible y hubieran prestado el mayor y más generoso servicio posible a sus empleadores. El trabajo más duro del mundo es el que se hace a regañadientes. Estos hombres y mujeres nunca gozan de la confianza de los demás y es poco probable que tengan éxito en cualquier actividad a la que se dediquen.

Tus jefes confiarán en ti si te empeñas en dar lo mejor de ti mismo y nunca te rebajas a dar lo segundo. Compórtate de tal manera que siempre puedas mirarte al espejo sin avergonzarte; entonces tendrás un valor nacido de la convicción, de la nobleza personal y de una integridad que nunca se han visto empañadas.

Lo que tu jefe o tus compañeros de trabajo piensen de ti, incluso lo que el resto del mundo piense de ti, no es ni la mitad de importante de lo que tú pienses de ti mismo. Los demás te acompañan comparativamente poco a lo largo de la vida. Tienes que vivir contigo mismo día y noche durante toda tu existencia, y no puedes permitirte perder tu integridad.

Ten el valor de ser sincero.

Se dice que el mundo siempre busca a los que no están en venta, que son honestos y dignos de confianza. Son personas que pueden decir la verdad y mirar al mundo a los ojos. Son personas que no alardean ni ponen excusas. Son personas que pueden tener valor sin proclamarlo, que conocen sus propios asuntos y se ocupan de ellos. Son personas que no mienten, ni eluden, ni esquivan, que no temen decir «No» con énfasis, y que no se avergüenzan de decir: «Me equivoqué».

Integridad - La savia de la confianza

El diccionario define la integridad como la posesión de principios firmes: la cualidad de poseer y adherirse firmemente a altos principios morales o normas profesionales. Si una persona no es íntegra, no puede ser digna de confianza. El primer ingrediente de la integridad es la honradez. La honestidad por sí sola puede no asegurar el éxito, pero incluso los fracasos serán honorables y no dañarán el carácter y la reputación de uno.

El trato justo es admirado por todos, incluso los deshonestos lo admiran en los demás; y las personas que tratan con justicia a los demás en todas sus transacciones, que dicen la verdad y cumplen sus contratos incluso cuando les ocasionan pérdidas, serán consideradas dignas de confianza. Las personas honradas no tienen nada que temer. Las personas con las que trabajan o se relacionan confían en ellas y estarán a su lado en los buenos y en los malos momentos. Y esta intrepidez es, en sí misma, un pilar en la vida de cada uno. Nos apoya en todas las emergencias, nos permite luchar con valentía en medio de la adversidad y, en última instancia, triunfar en nuestros empeños.

La determinación es el resultado directo de la fuerza de carácter que fomenta la integridad. Las personas íntegras tienen objetivos directos y propósitos firmes e inteligentes. No van dando palos de ciego. Todos sus planes tienen algo de esa fibra moral sobre la que se construye su carácter.

Al tener una visión moral de todas las cosas y considerar siempre las consecuencias morales, estas personas se sitúan en un terreno más firme y elevado que si se limitan a considerar las cosas en función de la política y la conveniencia. La moral siempre tiene ventaja sobre la conveniencia. Sus propósitos siempre están enraizados por debajo de la superficie y, por lo tanto, son más firmes y seguros, más fuertes y duraderos. Además, la integridad posee una franqueza innata que permite acertar directamente al blanco y hace casi imposible el fracaso.

Las personas íntegras ponen sus miras en lo más alto, lo que los lleva a alcanzar mayores logros. Las personas íntegras son fuertes, y esta fortaleza se manifiesta en la minuciosidad con la que conducen sus vidas, una minuciosidad que inspira respeto, admiración y éxito.

Un buen ejemplo de ello es la actuación del director general de Coca-Cola, Roberto Goizueta, cuando esa empresa tomó la decisión de cambiar la fórmula de Coca-Cola e introdujo la «Nueva Coca-Cola». La reacción del público conmocionó a la empresa. A pesar de sus estudios de mercado, a los consumidores no les gustó la Nueva Coca-Cola y querían recuperar la fórmula antigua. Un hombre menos íntegro se habría aferrado a su decisión y habría invertido dinero en publicidad para salvar su idea, pero Goizueta se tragó su orgullo y recuperó el antiguo producto bajo el nuevo nombre de «Coca-Cola Clásica». Su decisión fue acertada. En poco tiempo, la Nueva Coca-Cola desapareció del mercado y la Coca-Cola Clásica volvió a ocupar el primer puesto.

Hay cuatro formas, y solo cuatro, con las que tenemos contacto con el mundo. Se nos evalúa y clasifica por estos cuatro contactos: lo que hacemos, cómo nos vemos, lo que decimos y cómo lo decimos.

DALE CARNEGIE

Otro ejecutivo cuya integridad rigió sus actividades empresariales es John Templeton, fundador del Templeton Fund (ahora Franklin Templeton), una de las empresas de inversión más rentables del mundo. Su filosofía empresarial era que las personas con más éxito suelen ser las más íntegras. Decía que es probable que esas personas comprendan mejor la importancia de la ética en los negocios y que se puede confiar en que darán todo de sí y no engañarán a sus clientes.

Pero los principios más éticos, insistió Templeton, proceden de lo que ocurre en la mente: «Si llenas tu mente de pensamientos amables, cariñosos y útiles, entonces tus decisiones y acciones serán éticas».

El trabajo duro, la honradez y la perseverancia son los cimientos de la filosofía Templeton: «Las personas que han aprendido a invertir en su trabajo tienen éxito. Se han ganado lo que tienen. Más que conocer el valor del dinero, conocen su propio valor».

Las empresas que no aplican normas éticas, según Templeton, ignoran el factor humano e inevitablemente fracasan:

En general, las personas que se aprovechan en sus tratos se ganarán una mala reputación y, en poco tiempo, los demás no querrán tratar con ellas.

Gracias a que hemos trabajado duro para ser fieles, honestos y responsables con nuestros inversores, y hemos antepuesto su bienestar financiero a todo lo demás, hemos conseguido crear un historial superior. Al fin y al cabo, el único éxito que merece la pena es el que llega a los demás.

Estar al lado de los tuyos

Cuando se pregunta a la gente qué es lo que más desea de un jefe, casi siempre aparece una respuesta entre las primeras: «Un jefe en el que pueda confiar: un jefe que esté ahí para mí». ¿Qué significa esto realmente? ¿Cómo puede un supervisor «estar ahí» para su gente?

Comunica

Debby considera a su jefa, Linda, la mejor jefa que ha tenido nunca. «Linda siempre me informa de lo que pasa. Si cree que vamos a tener que hacer horas extras, nos avisa con tiempo suficiente para que podamos hacer planes. Claro que hay veces en que el pedido urgente llega inesperadamente, pero lo aceptamos porque es la excepción, no la regla. Hace poco corrió el rumor de que podría haber despidos. Linda investigó rápidamente y se enteró de que nuestro departamento no estaba afectado. Nos lo comunicó enseguida».

Steve no está contento con su jefe. «Nunca me dice a qué atenerme. Si le entrego un trabajo terminado, nunca sé si está bien o si es realmente bueno. Si no es satisfactorio, me lo devuelve para que lo revise. Ni siquiera me dice cómo podría mejorarlo. Tengo que pedir ayuda a mis compañeros». Los buenos supervisores hacen saber a su gente a qué atenerse. Si el trabajo es satisfactorio, deben reconocerlo y, si es especialmente bueno, elogiarlo. Si no cumple los estándares, deben ayudar a su gente para que puedan mejorar. El reconocimiento y los elogios refuerzan el buen trabajo, y las críticas constructivas suelen ser bienvenidas. La mayoría de la gente quiere mejorar.

Escucha

«Lo que más me gusta de mi jefe es que me escucha de verdad», confiesa Diane. «Hace poco tuve un problema en el trabajo y se lo comenté. No solo me dio todo el tiempo que necesité, sino que realmente trató de entender a qué me enfrentaba, y me dio buenos consejos». Escuchar no es fácil. A menudo, los supervisores tienen muchas cosas en la cabeza y una agenda muy apretada. El problema que les plantea el empleado puede parecer trivial, pero para esa persona es importante.

Sé un oyente activo. Los oyentes activos no se limitan a permanecer sentados o de pie con los oídos abiertos. Hacen preguntas sobre lo que la otra persona acaba de decir. Parafrasean. Con lenguaje no verbal, demuestran que están escuchando. Cuando la gente se da cuenta de que estás escuchando, sabe que realmente te interesa lo que dicen.

Escucha con empatía. Ponte en el lugar de esa persona. ¿Cómo te sentirías si te enfrentaras a una situación similar? La empatía no solo te permite entender su problema, sino que también hace saber a esa persona que la comprendes.

Entrena

«Mi jefe», presume Dave, «me enseñó todo lo que sé sobre este trabajo. Siempre está dispuesto a enseñarnos a todos las últimas novedades del sector. Cuando trajimos esos nuevos ordenadores, dedicó horas de su propio tiempo a aprender todos los atajos y trucos que podíamos utilizar para facilitar el trabajo y luego nos los enseñó todos». Uno de los principales trabajos de un supervisor es formar a la gente, pero muchos limitan sus actividades de formación a lo básico y esperan que cada persona siga aprendiendo individualmente. Hay que animar a las personas a que estudien por su cuenta, pero el ejemplo y el apoyo del supervisor son la mejor inspiración para que lo hagan.

La formación proporciona a las personas habilidades que facilitan su trabajo y les dan un sentido de importancia por haber adquirido la habilidad. Esto les hace más valiosos para la empresa y, a menudo, se traduce en una mayor seguridad en el empleo.

Ayuda a tu gente a crecer

Anima a tu personal a aprender todo lo posible sobre sus áreas de responsabilidad. Sugiere cursos o seminarios a los que puedan asistir y libros o artículos que deban leer. No te limites a enseñar a los aspectos técnicos del trabajo. Para ayudarles a desarrollar realmente su propio potencial, sugiéreles programas de autodesarrollo, comunicación y relaciones interpersonales, los intangibles que a menudo marcan la diferencia entre un rendimiento mediocre y uno excelente.

Preocúpate de verdad por tu gente

Cuando murió la madre de Kathy, su jefa, Barbara, no solo asistió al funeral, sino que también la visitó durante el periodo de luto. Le aseguró que en el trabajo la echaban de menos y que no tenía que preocuparse por el trabajo. Cuando Kathy regresó, se sintió mucho más unida a Barbara y ansiosa por complacerla. Se dio cuenta de que Barbara estaba sinceramente interesada en ella como persona.

Interésate por tu gente. Pero ten cuidado. Algunas personas son sensibles respecto a su intimidad.

A medida que vayas conociendo a cada uno de tus trabajadores, podrás determinar hasta qué punto puedes indagar en asuntos personales. Sí, es importante conocer a la familia, los intereses y las aficiones de tu gente, pero evita involucrarte en sus vidas, a menos que te inviten a hacerlo. Incluso entonces, sé objetivo. Demostrar interés no significa dirigir sus vidas.

Sé sincero

El falso interés siempre acaba saliendo a la luz, y esto lleva a la pérdida de respeto y de compenetración.

Conocer a tu gente no significa dedicar un tiempo desmesurado a charlar sobre asuntos personales con ellos. Sin embargo, dedicar unos minutos de vez en cuando para conversar sobre temas que realmente preocupan a esa persona se traducirá en un aumento de la lealtad, el compromiso y el rendimiento.

Confía en tu gente

Para ser un líder de éxito, no solo debes ganarte la confianza de las personas a las que diriges, sino que debes confiar en ellas.

Wally L. era uno de esos jefes que sentían que debían tener el control total de su departamento.

Supervisaba a doce técnicos, cuyo trabajo, aunque era competente, Wally comprobaba y volvía a comprobar después —y a menudo durante— cada tarea. Como la rotación de personal en su departamento era muy superior a la de otras unidades, su jefe le llamó para discutir el problema.

«Wally, nuestras entrevistas de salida revelaron que todas las personas que dejaban tu departamento tenían la misma queja. Les molestaba que dirigieras su trabajo. Contratas a gente buena. Tienes que dejarles hacer su trabajo».

«Pero», replicó Wally, «soy responsable del trabajo de mi departamento. Si no estoy encima de ellos, no estoy haciendo mi trabajo».

«Wally, a la gente buena hay que dejarle hacer su trabajo sin que alguien les vigile todo el tiempo. Soy responsable de tu trabajo, pero no vigilo cada movimiento que haces, porque confío en ti. Tienes que confiar en la gente que trabaja para ti».

«Pero si los dejara solos, no detectaría los errores a tiempo para corregirlos o tal vez no lo haría en absoluto».

«Hay otras formas de mantener el control sin microgestionar. Hay técnicas probadas sobre cómo delegar el trabajo con eficacia. Apréndelas y aplícalas».

Wally se lo pensó mucho. Tenía miedo de renunciar a su férreo control, pero sabía que había que hacerlo. A Wally le resultaba difícil no microgestionar a su gente. Cuando sintió la tentación de mirar por encima del hombro del técnico, se dijo a sí mismo: «No lo hagas. Tienes que confiar en él».

Con el tiempo, adquirió la confianza necesaria en cada trabajador y reconoció que, aunque de vez en cuando se producían errores, el técnico los detectaba fácilmente en los puntos de control y los corregía. El trabajo se hizo más fácil para Wally, la tensión en su departamento disminuyó y la rotación de personal cesó.

Otro resultado fue que la confianza del personal de Wally en él aumentó y se mostraron más receptivos a sus ideas y sugerencias.

Si puedes ser humilde y admitir que te equivocaste, entonces una mala acción puede beneficiarte. Admitir un error no solo aumentará el respeto de los que te rodean, sino también tu propia autoestima.

DALE CARNEGIE

Gánate el respeto de los tuyos

Un supervisor no obtiene automáticamente el respeto y la confianza de su gente. Hay que ganárselo. He aquí algunas formas de conseguirlo.

Sé bueno en lo que haces

La gente respeta la profesionalidad. Esto no significa que tengas que ser capaz de hacer los trabajos que hace cada uno de tus empleados mejor que ellos mismos. De hecho, cuanto más alto llega uno en la gestión, menos probable es que pueda hacer muchos de los trabajos que hacen sus subordinados.

Es poco probable que el presidente de una empresa pueda manejar todo tipo de equipos o programar los ordenadores utilizados en la organización. Incluso en los escalones más bajos de la dirección, es probable que tenga que supervisar a personas que realizan trabajos muy distintos al suyo. Pero si lo hace con profesionalidad, su gente le respetará.

Trata a los tuyos de manera justa

Si no tratas a tu gente con mano ecuánime, no solo no conseguirás ganarte su confianza, sino que exacerbarás el resentimiento contra ti. Esto no significa que haya que dirigir a todo el mundo de la misma manera. Las personas difieren entre sí y los buenos supervisores aprenden estas diferencias y adaptan el trato a cada individuo.

Richard es una persona que necesita refuerzos constantes; Marianne trabaja mejor cuando se la deja sola. No es injusto que su jefe pase más tiempo con Richard y le elogie por cada pequeña mejora, mientras que solo elogia a Marianne por sus logros especiales.

Defiende a los tuyos

Si tu departamento tiene una disputa con otro, defiende a tu gente, aunque no sea políticamente conveniente. Mark, el jefe de Eileen, irrumpió en su despacho: «Los de Cora no pueden empezar su proyecto hasta que les consigas los datos. Los ha pedido varias veces y lo único que ha conseguido es esa vieja excusa de que el ordenador no funciona. ¿Qué les pasa a tus empleados?».

Eileen no quería enemistarse con su jefe, pero sabía que su gente había hecho todo lo posible por obtener los datos y que realmente estaban teniendo problemas con un nuevo programa del ordenador. «Mark, estamos tan ansiosos como Cora por reunir los datos, pero los problemas informáticos son reales, no solo una excusa. He hecho venir a la gente de IBM para arreglar el problema y debería estar en línea hoy mismo».

Muestra reconocimiento hacia los tuyos por lo que han hecho

Elogia los logros. Hazles saber que estás orgulloso de ellos y que aprecias su trabajo. En particular, cuando hayan hecho algo por encima de sus obligaciones, asegúrate de aplaudirlo.

Por otra parte, una de las cosas más devastadoras que puede hacer un supervisor es atribuirse el mérito de algo que ha hecho uno de los suyos. Stan elaboró un nuevo enfoque para un problema al que se enfrentaba su departamento. Antes de darle forma definitiva para presentarlo a la empresa, sondeó a su jefe para determinar si había defectos que se habían pasado por alto. El jefe le pidió que aplazara la presentación hasta que pudiera pensarlo mejor.

Unos días más tarde, Stan se quedó atónito al enterarse de que su jefe le había llevado la idea —con pequeños cambios— a su jefe y afirmaba que era una idea original suya. Cuando Stan se enfrentó a él, respondió: «Sam, no era una idea nueva. Llevaba tiempo dándole vueltas. Estaba a punto de presentarla de todos modos». Esto no solo destruyó la confianza que Sam tenía en su jefe, sino que el resto de la gente del departamento también le perdió el respeto.

Gary se desvivía por ayudar a su jefe. Al preguntarle por qué le era tan leal, Gary respondió:

«Cuando tengo un problema, el Sr. D. hace todo lo posible por ayudarme. Cuando tuve una emergencia familiar, reorganizó todo el departamento para que pudiera tener el tiempo libre que necesitaba. Se desvive no solo por ayudarme, sino también por asegurarse de que todo el mundo en el departamento reciba un trato justo. Somos su primera preocupación».

Utiliza sus habilidades

Irene se esforzaba por conocer los puntos fuertes de cada uno de sus empleados. Cuando surgía un proyecto que encajaba con el talento de uno de sus colaboradores, lo delegaba en esa persona. La mayoría de las personas disfrutan trabajando en asuntos en los que tienen un talento especial y respetan a un jefe que lo reconoce y les permite utilizar ese talento.

Cuando Carla tuvo problemas para adquirir los nuevos conocimientos necesarios para manejar un ordenador más sofisticado, su jefa, Anne, trabajó pacientemente con ella para ayudarla a superar los obstáculos. Para ello, Anne tuvo que aplazar otras tareas importantes, que recuperaba a deshoras en su tiempo libre. A la pregunta de por qué lo hacía, que significaba pasar menos tiempo con su familia, respondió: «Mi gente también es mi familia. Si uno de ellos necesita mi tiempo, lo tiene». Realmente «estaba ahí» para los suyos. Se ganó su respeto y su confianza.

Gánate la confianza de tu jefe

La confianza es una calle de doble sentido. No solo debes ganarte la confianza de tus empleados y compañeros, sino también la de tu jefe.

Todo el mundo tiene un jefe. Incluso el director general rinde cuentas a los accionistas, y el propietario individual debe responder ante los clientes. Todo líder empieza como seguidor y sigue siéndolo por muy alto que sea el nivel que alcance.

El profesor Robert Kelley, de la Universidad Carnegie-Mellon, señaló: «En realidad, las personas desempeñan ambos papeles [líder y seguidor] y necesitan ambas habilidades, pero la búsqueda de ser un buen líder puede verse obstaculizada por no ser un buen seguidor».

Sé un buen empleado

El primer ingrediente para ganarse la confianza de tu jefe es hacer el propio trabajo de manera excelente. La profesionalidad es esencial para tener éxito como líder o como seguidor. Obviamente, si eres bueno en lo que haces, tu jefe va a poder confiar en ti, lo que facilitará su trabajo y te hará mucho más valioso.

Cuando Sandra empezó en su primer trabajo profesional como asistente de marketing, le pidió a su padre, un ejecutivo de mucho éxito, algunos consejos para ser una buena empleada. Él le respondió: «Un buen empleado es el que mantiene al jefe de su jefe alejado de este».

Esto es importante porque, si tu jefe no tiene problemas, tú tampoco los tendrás; pero esto por sí solo no basta. Tienes que hacer que tu jefe quede bien. Esto empieza por dar lo mejor de ti mismo en todo momento, pero eso es solo el principio. Al ayudar a algunas de las personas menos eficaces de tu departamento a ser más eficientes, no solo ayudas al departamento en conjunto a ser mejor y haces que tu jefe se vea mejor, sino que estás mostrando las características que te harán destacar como líder potencial y aumentas la confianza de tu jefe en ti.

Anticípate a las necesidades de tu jefe

Cuando Gloria regresó a la oficina después de visitar la Feria de Equipamiento Comercial en el Centro Cívico, le comentó a su ayudante, Steve, que estaba especialmente impresionada por una clasificadora electrónica que había visto. Steve decidió que su prioridad era ir al Centro Cívico y ver esa clasificadora. Recogió algunos folletos y echó un vistazo a otras clasificadoras expuestas. Cuando volvió a la oficina, escribió a los fabricantes de otros equipos relacionados para pedirles folletos. Se puso en contacto con empresas que utilizaban este tipo de clasificadora para saber cómo les funcionaba el equipo y recopiló un archivo con los resultados de su investigación.

Unos meses más tarde, Gloria fue al despacho de Steve y le dijo: «Steve, cuando estuve en la feria *Business Equipment Show*, vi una clasificadora que parecía tener cierto potencial para nosotros, ¿podrías conseguirme información sobre ella?». Steve buscó en su escritorio, sacó el expediente y se lo entregó. Claro que puedes perder algo de tiempo investigando asuntos que quizá nunca te soliciten, pero, si trabajas con alguien durante algún tiempo, llegarás a saber qué es lo que más puede interesarle y darás en el clavo la mayoría de las veces. Al anticiparte a las necesidades de tu jefe, no solo serás más útil para esa persona, sino que también desarrollarás la iniciativa y el ingenio que te ayudarán en tu propia carrera.

Conoce los objetivos laborales de tu jefe

Kevin McGrady había sido director de Recursos Humanos de su empresa durante muchos años. Uno de los objetivos a largo plazo que tenía para el departamento era la informatización de los registros de personal. Sin embargo, su jefe no estaba muy entusiasmado con ello, así que tuvo que aparcar este objetivo. Su ayudante, Beverly Sanders, no tenía ningún interés en informatizar nada. Sin embargo, comprendía lo mucho que ese objetivo significaba para Kevin.

Beverly se matriculó en un curso de informática en la universidad local. Leyó todos los artículos que encontró sobre la informatización de los expedientes personales. Asistió a un seminario sobre el tema y habló con otras personas de recursos humanos que habían informatizado sus archivos. De este modo, no solo pudo ayudar a Kevin a desarrollar las herramientas necesarias para vender este concepto a su jefe, sino que adquirió una gran cantidad de conocimientos que le resultaron útiles para desarrollar sus propios objetivos a largo plazo.

Escuchando bien y observando atentamente, puedes aprender lo que el jefe quiere realmente del trabajo y, dedicando un poco más de esfuerzo y tiempo a esos proyectos, puedes ser muy valioso para tu jefe, ganarte su confianza y contribuir a la consecución de esos objetivos.

Ayuda a tu jefe a aclarar sus ideas

Iván tenía fama de iconoclasta. Siempre parecía estar en desacuerdo con la política de la empresa y no paraba de proponer ideas diferentes de lo que se hacía habitualmente. Por eso le habían despedido de dos trabajos anteriores. Cuando Iván entró a trabajar para su actual empleador, se propuso intentar no ser tan crítico, pero su naturaleza pudo más que su resolución y en poco tiempo volvió a exponer a gritos sus desacuerdos.

Cuando su jefe le llamó para una conferencia privada, Kevin esperaba que le despidieran de nuevo. Sin embargo, su jefe adoptó una actitud diferente. «Kevin, puedes poner a la gente de los nervios, pero haces algo por mí que nadie ha hecho nunca. Me haces replantearme y reevaluar lo que a menudo he dado por sentado. Prestas un buen servicio que es necesario. Si aprendes a ser más diplomático, puedes ser un empleado valioso».

Los buenos líderes necesitan seguidores que no sean meros aduladores, que siempre estén de acuerdo con ellos. Un buen seguidor no debe tener miedo de llamar la atención de su jefe sobre cuestiones de ética, imagen pública y juicio. De este modo, el seguidor presta un servicio que no solo resultará en una mejor gestión por parte del líder, sino que le ayudará a prepararse para futuras funciones de liderazgo.

Suma y sigue

Para ganarte y conservar la confianza de los demás:

- Escucha sinceramente con los oídos, los ojos y el corazón.
- Haz preguntas, muestra un interés genuino por los demás y su punto de vista.
- Sé recíproco, revelando tus ideas y sentimientos.

- Sé tú mismo; muestra coherencia entre tus palabras y tus actos.
- Actúa conforme a lo que has oído.
- Cumpla lo que prometes, cuando lo prometes.
- Reconoce el mérito cuando corresponda. Nunca te atribuyas el mérito del trabajo de otro.
- Haz seguimiento y acaba lo que empieces.
- Defiende a los tuyos.
- Muéstrate disponible.
- Actúa de forma genuina, moral, honesta e íntegra.

5

Conoce a los tuyos

El éxito en la interrelación con los demás, especialmente como directivo o supervisor, depende de obtener la cooperación voluntaria de tu personal. ¿Qué puedes hacer para obtener la cooperación de los demás? Conocerlos. Las personas son diferentes y, a menos que conozcas a cada una de ellas y comprendas sus individualidades, no te será posible llegar realmente a ellas.

Cuando tienes pocas personas en plantilla, no es demasiado difícil aprender sobre cada una de ellas. Cuando supervisas a muchos empleados, esto se hace más difícil, pero no imposible.

Estudia los registros

Cuando te hagas cargo de un nuevo departamento, estudia los expedientes personales de cada uno de sus miembros. Revisando su experiencia y sus antecedentes, puedes aprender mucho sobre ellos. David B., director de expedición y recepción de su empresa, tenía por costumbre reexaminar periódicamente los expedientes de cada uno de sus subordinados. Observó que uno de sus trabajadores del muelle de carga, Archie T., cambiaba de trabajo cada dos años y estaba cumpliendo su segundo año en la empresa. Fue a ver a Archie, tuvo una charla sincera con él y se enteró de que Archie se estaba empezando a inquietar.

Prestándole una atención especial y asignándole nuevas tareas, Dave consiguió que Archie siguiera trabajando y fuera productivo. «Lo pasado, pasado está». Entender cómo actuaron tus colaboradores en el pasado te ayuda a trabajar con ellos más eficazmente en el presente.

Escucha y observa

Todos tenemos vidas fuera de nuestro trabajo. No contratamos a un trabajador. Contratamos a una persona en su totalidad. Es útil aprender todo lo que podamos sobre los intereses personales de nuestros colaboradores para comprender realmente lo que les motiva. No es necesario husmear en su vida privada, pero escuchando y observando podemos aprender mucho sobre ellos.

A los pocos días de empezar en su nuevo trabajo, Marcia puso una foto de su hijo en su mesa.

Su supervisor se fijó inmediatamente en el simpático niño y se enteró de su nombre, edad y atributos especiales sin hacer una sola pregunta.

Al escuchar las conversaciones de Phil, su jefe reconoció que su pasión eran los deportes. Al redactar sus instrucciones y discursos motivacionales en terminología deportiva, el supervisor no tuvo problemas para conseguir la plena cooperación de Phil.

Busca el *modus operandi*

Todo lector de novelas policíacas sabe que a los delincuentes se les suele seguir la pista por su *modus operandi*, es decir, por el método que utilizan para cometer el delito. Los *modus operandi* no se limitan a las actividades delictivas. Todo el mundo tiene un *modus operandi* en su trabajo y en su vida. Los psicólogos lo llaman patrón de conducta. Si somos capaces de identificar los patrones de comportamiento de nuestra gente, podremos aprender a entenderlos como individuos. Observa cómo aborda cada persona su trabajo. Observa cualquier característica especial; sobre todo, fíjate en cualquier aspecto de su comportamiento laboral que difiera del de los demás miembros del departamento.

Dierdre C. lleva un registro escrito del comportamiento de cada uno de sus quince empleados. Al revisarlos recientemente, señaló que uno de ellos, Susan, era una persona muy creativa. A menudo se le ocurrían nuevas ideas. Aunque muchas no eran muy útiles, Dierdre las anotaba en sus registros. Dijo que eso le ayudaba a entender a Susan y que, apelando a su creatividad, podía entusiasmarla con cualquier proyecto.

Otro de los suyos, Dan, era un yoyó: subía y bajaba, subía y bajaba. Llevando un registro de las subidas y bajadas de Dan, pudo trazar prácticamente los ciclos de su comportamiento, prever cuándo iba a tener un periodo de bajón y trabajar con él para superarlo o, al menos, tomar medidas para compensarlo.

Yolanda era una «negacionista». No importaba lo que le dijeran que hiciera, encontraba razones por las que no funcionaría o por las que no debía hacerlo. El historial de Dierdre demostraba que, una vez que se desahogaba de sus quejas, hacía el trabajo sin más objeciones. Por eso, cuando Yolanda empezaba con sus diatribas, Dierdre la escuchaba pacientemente y la animaba a que hablara.

¿Es injusto un trato diferente para personas diferentes?

A algunos directivos les preocupa que, al «atender los caprichos» de cada trabajador, tendrían que tratar a cada persona de forma diferente y eso no solo sería caótico, sino que podría dar lugar a acusaciones de injusticia.

Como no todas las personas son iguales, debemos adaptar nuestro trato con cada una de ellas para alcanzar el mismo objetivo general: hacer el trabajo con eficacia. Esto no significa que aceptemos normas menos estrictas o toleremos el mal comportamiento de algunos de nuestros empleados. Si tratamos a cada persona de forma que se sienta inspirada para dar lo mejor de sí misma, estaremos desempeñando nuestras funciones directivas de la mejor manera posible. Esto creará un entorno de trabajo más feliz y productivo y ayudará a cada persona —incluidos nosotros mismos— a alcanzar los objetivos deseados.

La «intervista»

Cuando añadimos una nueva persona a nuestro grupo, es importante obtener toda la información posible sobre ella.

Los supervisores suelen entrevistar a la nueva persona, a menudo antes de contratarla o a veces después de empezar. Todos estamos familiarizados con las entrevistas. A la mayoría nos han entrevistado para un puesto de trabajo; a algunos nos han entrevistado los medios de comunicación o una empresa de investigación de mercado. El objetivo de cualquier entrevista es que el entrevistador obtenga información sobre el entrevistado.

Para que la entrevista sea más eficaz, debemos adaptarla a su finalidad. Si el objetivo es aprender mucho sobre una persona, debemos elegir preguntas que nos proporcionen información significativa. En la formación Dale Carnegie este proceso se ha denominado la «intervista», ya que nuestro objetivo es ahondar en las facetas internas de la personalidad de un individuo.

El objetivo de la «intervista» es comprender mejor a los demás. Esta poderosa herramienta contribuye en gran medida al desarrollo de relaciones positivas. Cuando realizamos una «intervista», demostramos que nos preocupamos por la persona, no solo como empleado, sino también como individuo. Construir relaciones positivas aumenta la confianza y la credibilidad y hace que las personas estén más abiertas a ser dirigidas.

Llevar a cabo una «intervista» es un método de eficacia probada para profundizar en el conocimiento de las personas.

Las preguntas se formulan en tres categorías básicas: fácticas, causativas y basadas en valores.

Fácticas

Las preguntas fácticas son preguntas de tipo conversacional que giran en torno a hechos básicos.

Ejemplos de preguntas fácticas son:

- ¿Dónde creciste?
- ¿Dónde estudiaste? ¿En qué te especializaste?
- ¿Qué haces para divertirte?
- ¿Qué tipo de trabajo realizas?

Causativas

Las preguntas causativas son preguntas para determinar los motivos o factores causales que subyacen a algunas de las respuestas a las preguntas fácticas. Suelen ser preguntas del tipo «por qué» y «qué». Ejemplos de preguntas causativas:

- ¿Por qué elegiste esa escuela en concreto?
- ¿Qué te llevó a especializarte en esa materia?
- ¿Por qué elegiste la carrera que ahora ejerces?
- ¿Por qué quieres cambiar de trabajo en este momento?

Basadas en valores

Las preguntas basadas en valores son preguntas que ayudan a determinar el sistema de valores de una persona. Están diseñadas para ayudar a un líder a comprender el valor que los miembros de su equipo otorgan a las cosas. Son preguntas que la gente no se hace a menudo, pero que dan una visión más amplia del interior de la persona. Ejemplos de preguntas basadas en valores son:

- Háblame de una persona que haya tenido un gran impacto en tu vida.
- Si tuvieras que volver a hacerlo, ¿qué harías de forma diferente?
- Cuando repasas tu vida, ¿podrías hablarme de algún momento decisivo?
- De nuestras conversaciones se desprende que has obtenido muchos logros. ¿Podrías contarme algo que recuerdes como un «punto culminante» o un motivo de orgullo?
- Probablemente también hayas pasado por momentos difíciles. Háblame de algún momento especialmente duro para ti desde el punto de vista emocional o físico.
- ¿Qué te ayudó a superar ese momento?
- ¿Qué consejo le darías a un joven (tu hijo o hija) si te pidiera consejo?
- ¿Cómo resumirías tu filosofía personal en una o dos frases?

Escucha mejor

El primer paso para conocer a las personas consiste en hacerles preguntas que te proporcionen información valiosa, pero, por muy bien elegidas que estén las preguntas, si no se escuchan atentamente las respuestas, solo se obtendrá una fracción de la información facilitada. Perfeccionar la capacidad de escucha es importante no solo en la «intervista», sino en todas las conversaciones.

Jeff Tucker se consideraba un buen directivo, que animaba a su gente a comentarle todos sus problemas. Sin embargo, a pesar de su deseo de escuchar lo que su gente le decía, a menudo pasaba por alto puntos clave. Los oía, pero no los escuchaba de verdad.

Un ejemplo: Marc A. se quejaba constantemente. Cuando Marc le planteaba un problema, Jeff sentía que le esperaba una sesión larga y, probablemente, improductiva. Cuando Marc se sentaba, Jeff hacía todo lo posible por escuchar con atención, pero pronto su mente empezaba a divagar. En lugar de prestar atención al problema (que podría tener que resolver), sus pensamientos se trasladaban a la reunión que acababa de tener con el vicepresidente de marketing y, a continuación, al torneo de golf que tenía programado para el día siguiente. Al permitir que su mente divagara, Jeff nunca llegaba a enterarse de lo que Marc intentaba comunicarle.

¿Por qué divagaba la mente de Jeff? Los psicólogos han demostrado que la mente humana piensa muchas veces más rápido de lo que una persona puede hablar. Mientras el orador habla, la mente del oyente va a toda velocidad. Inconscientemente completa la frase antes de que lo haga el orador, suponiendo, a menudo erróneamente, que este dirá lo que se esperaba. En el tiempo que transcurre entre que el oyente completa los pensamientos del orador en su mente y la declaración oral real del orador, la mente del oyente empieza a divagar. Piensa en otras cosas porque su cerebro ha asimilado la idea en cuestión —con razón o sin ella— y es libre de divagar.

Mientras estos pensamientos fluyen por la mente del oyente, el orador sigue hablando. Las frases que se empezaron y que el oyente completó en su mente se han completado, como se esperaba o de otra manera. El orador sigue hablando, añadiendo nuevas frases, introduciendo nuevas ideas. ¿Qué le ha pasado al oyente? ¡Se ha perdido la idea! Su mente nunca alcanzó al orador. Las palabras salían de la boca del orador, pero todo lo que el oído del oyente ha recibido es un galimatías.

Entrena tus oídos para escuchar

¿Qué se puede hacer para superar esta tendencia a no escuchar realmente? En primer lugar, tomar conciencia del problema. Entrena tu oído para oír y captar rápidamente cuándo dejas de escuchar. En una conferencia, es posible que la voz del orador resulte una perorata monótona y que tu mente no la siga. Detente. Escucha. En una conversación, oyes palabras, no ideas. Para. Escucha. En una entrevista, te has perdido la pregunta, o la respuesta. Para. Escucha. Cuando sabemos que el interlocutor es un pesado o, como Marc, un quejica constante, inconscientemente rechazamos a esa persona o no le prestamos atención. Con personas así, debes hacer un esfuerzo especial para parar y escuchar.

Una vez que nos hemos parado a escuchar, el problema está medio resuelto. Sin embargo, es posible que ya nos hayamos perdido buena parte de lo que se está diciendo. Un buen oyente aprende a anticiparse a los momentos en los que la mente se distrae. Estar atento al momento en que se detienen las palabras y empieza la palabrería permite volver rápidamente al acto de escuchar y minimizar la cantidad de información perdida. Si se formula una pregunta clave en ese momento, a menudo se puede recuperar la información perdida.

Elimina las distracciones

Otra razón para escuchar mal es el entorno en el que se desarrolla la conversación. Adriana quería escuchar lo que decía Denise. Sin embargo, sus ojos no dejaban de mirar los papeles que tenía sobre la mesa. No podía evitar leer el memorándum que estaba encima de la pila, y esto, por supuesto, la distraía de escuchar. Si es posible, intenta mantener conversaciones y entrevistas serias lejos de tu mesa. Si hay una sala de conferencias, utilízala. Lleva contigo solo los documentos relacionados con la conversación, y así no estarás expuesto a material ajeno. Si no dispones del lujo de un lugar alejado de tu mesa, vacíala de papeles antes de comenzar la reunión.

Configura tu teléfono para que desvíe automáticamente las llamadas entrantes al buzón de voz.

La única distracción más molesta que un teléfono sonando es responder a esa llamada y hablar durante mucho tiempo mientras la otra parte está esperando. Esto no solo interrumpe tu contacto con esa persona, sino que es difícil retomar la conversación cuando terminas esa llamada.

No te pongas demasiado cómodo

El patrón de escucha de Dan Solomon consistía en cruzar las manos detrás de la cabeza, reclinarse en su silla de ejecutivo y mecerse suavemente mientras «escuchaba» a la otra parte. Una tarde, durante una entrevista, Dan oyó de repente, a través de la palabrería que llegaba a sus oídos: «Sr. Solomon, no me está escuchando». Dan se sobresaltó. Se sintió avergonzado y molesto consigo mismo. Cuando su «invitado» se marchó, Dan decidió que eso no volvería a ocurrir.

Decidió que, en lugar de reclinarse en la silla, se inclinaría hacia delante. Esta postura al menos daría a los demás la impresión de que estaba escuchando. Sin embargo, inclinarse hacia delante no solo ayudaba a Dan a fingir atención. Cuando uno se inclina hacia la otra persona, realmente escucha con más atención. Tienes mejor contacto visual, estás más cerca físicamente y escuchas mejor. Tu lenguaje corporal muestra interés y refleja ese interés hacia ti. Y, lo que es más importante, al no estar tan cómodo como cuando uno se inclina hacia atrás, hay menos tendencia a soñar despierto, por lo que realmente se escucha mejor.

Haz buenas preguntas

Una buena escucha se ve reforzada por un buen *feedback*. Hacer preguntas pertinentes periódicamente durante la conversación indica a la otra parte que estás sinceramente interesado. Además, a partir de tus respuestas puedes determinar si te has perdido alguna parte importante de la conversación. Este *feedback* te da la oportunidad de recuperar lo que te perdiste cuando la palabrería bloqueó las palabras, y te reencamina.

La naturaleza humana es tal que nunca será posible escuchar el cien por cien del tiempo. Si eliminas las distracciones, te inclinas hacia la otra persona en lugar de reclinarte en la silla y entrenas tu mente para reconocer las señales de cuándo dejas de escuchar, puedes mejorar la cantidad de tiempo que realmente escuchas y, por tanto, sacar mucho más provecho de tus entrevistas, reuniones y conversaciones.

Principios de escucha

En resumen, he aquí ocho principios que te ayudarán a escuchar mejor:

- Mantén el contacto visual con la persona que habla.

- Sé sensible a lo que no se dice. Observa el lenguaje corporal para detectar mensajes incongruentes.
- Practica la paciencia. No interrumpas, no termines la frase del orador ni cambies de tema.
- Escucha con empatía y escucha para comprender. Imagina que habrá un examen al final.
- Aclara cualquier duda después de que él o ella haya hablado. Asegúrate de que has entendido lo que se ha dicho reformulando lo que has oído.
- No saques conclusiones precipitadas ni hagas suposiciones. Mantén una actitud abierta y de aceptación.
- Practica la escucha pura. Elimina todas las distracciones y reduce al mínimo los filtros internos y externos.
- Desconecta tu mente y ponte en el lugar del interlocutor. Intenta ver las cosas desde su perspectiva.

Busca las diferencias individuales

Los directivos de éxito se toman el tiempo necesario para conocer a cada uno de sus empleados como individuos. Sus colaboradores son seres humanos, no robots, cada uno con virtudes y defectos, su agenda personal y su estilo de trabajo. Aprender y comprender lo que hace única a cada persona es el primer paso para crear un grupo de personas motivadas.

Cada cual con su estilo

Quizá pienses que lo único que realmente necesitas saber de tus colaboradores es la calidad de su trabajo. Te equivocas. Conocer a las personas con las que trabajas requiere algo más que saber cuáles son sus habilidades para el trabajo. Claro que eso es importante, pero solo es una parte de su personalidad. Conoce lo que es importante para cada persona: sus ambiciones y objetivos, sus preocupaciones especiales y sus motivaciones; en otras palabras, lo que hace único a cada uno de ellos.

Nunca he sentido lástima por nadie, hombre o mujer, por tener que ganarse la vida.

Sin embargo, siento una lástima inestimable por quien no siente entusiasmo por el trabajo que realiza. Para mí es una gran tragedia si uno no encuentra pronto en la vida el tipo de trabajo que le gusta hacer y que puede aplicar en toda su fuerza con el entusiasmo de la juventud.

DALE CARNEGIE

La mejor manera de conocer a las personas es hablar con ellas, hacerles preguntas y pedirles su opinión sobre diversos temas. Quizá pienses que esto es demasiado intrusivo. Si te sientes incómodo realizando una «intervista», puedes obtener mucha información sin tener que hacer preguntas personales directamente. Observando y escuchando, puedes aprender mucho sobre tus colegas. Escucha cuando te hablan y lo que dicen a los demás. Escucha lo que dicen y escucha lo que no dicen.

Puede que escuchar a escondidas no sea de buena educación, pero puedes aprender mucho de ello. Observa cómo hacen su trabajo los miembros de tu equipo y cómo actúan, reaccionan e interactúan. No tardarás en identificar sus gustos y aversiones, sus manías y excentricidades. Escuchándolos y observándoles, aprenderás qué cosas son importantes para cada uno de ellos y cuáles son los «temas candentes» que les activan o desactivan.

Observando y escuchando, puedes darte cuenta de que Claudia es una persona creativa. Si quieres entusiasmarla con su rol en una tarea, puedes hacerlo apelando a su creatividad. Observas que

Mike es lento cuando está aprendiendo cosas nuevas pero que, una vez lo ha hecho, trabaja con rapidez y precisión. Para que Mike dé lo mejor de sí mismo, sabes que necesitarás paciencia.

Es fácil recordar estas características individuales cuando supervisas a un pequeño número de personas, pero si trabajas con grupos más grandes o hay mucha rotación en tu departamento, prepara un cuaderno con una página para cada miembro del personal. Para cada persona, anota el nombre de su cónyuge, los nombres y edades de sus hijos, sus aficiones e intereses, y cualquier rasgo de comportamiento o faceta de su personalidad que te ayude a «llegar» a ellos.

¿La Regla de Oro? Prueba la Regla de Platino

Cuando diriges a personas, la regla bíblica «Haz a los demás lo que quieras que los demás hagan contigo» es un buen consejo, hasta cierto punto. Cuando llegas a conocer realmente a tu gente, aprendes que no todos son como tú y que puede que no quieran lo que tú quieres o lo que quiere su vecino o compañero de trabajo. Tratar a los demás como tú quieres que te traten no es lo mismo que tratarles como ellos quieren ser tratados.

Por ejemplo, Louise prefiere que le den objetivos generales y le gusta resolver los detalles de su trabajo por su cuenta. Pero Jason, su ayudante, no se siente cómodo recibiendo un encargo si no se le explican todos los detalles. Si Louise delega el trabajo en su ayudante como a ella le gusta que se lo asignen, no obtendrá los mejores resultados.

Sol necesita un refuerzo continuo. Solo es feliz en el trabajo cuando su jefe lo supervisa y le asegura que lo está haciendo bien. Tanya, sin embargo, se enfada si su jefe revisa su trabajo con demasiada frecuencia. «¿No confía en mí?», se queja. No se puede hacer con Tanya lo mismo que con Sol y obtener buenos resultados de cada uno.

Cada uno de nosotros tiene su propio estilo, su propio enfoque y sus propias excentricidades.

«Hacer a los demás lo que nos gustaría que nos hicieran a nosotros» puede ser la forma más pobre de interactuar con los demás. Para ser un gestor eficaz, debes conocer a cada miembro de tu grupo y adaptar tu método de gestión a cada individuo. En lugar de seguir la regla de oro, sigue la regla de platino: Haz a los demás lo que ellos quieren que hagas con ellos.

Eres algo nuevo en este mundo. Nunca antes, desde el principio de los tiempos, ha habido nadie exactamente como tú; y nunca más, a lo largo de todas las épocas por venir, habrá nadie exactamente como tú de nuevo.

DALE CARNEGIE

«No se puede pescar con fresas»

Dale Carnegie cuenta esta historia que ilustra la importancia de conocer las diferencias individuales:

En verano, solía ir a pescar a Maine. Personalmente, me gustan mucho las fresas con nata, pero he descubierto que, por alguna extraña razón, los peces prefieren las lombrices. Así que, cuando iba a pescar, no pensaba en lo que yo quería, no ponía fresas y nata como cebo en el anzuelo. Más bien colocaba un gusano delante del pez y le decía: «¿No te gustaría comértelo?». ¿Por qué no utilizar el mismo sentido común en la pesca de personas?

Las personas difieren entre sí y lo que motiva a una puede no motivar a otra. No solo no se pueden pescar peces con fresas; de hecho, no todos los peces se dejan seducir por las lombrices. Para pescar truchas hacen falta moscas. Tómate tu tiempo para saber qué motiva a cada una de las personas con las que trabajas. Habla con ellas. Escucha cuando te respondan. Conoce sus gustos y aversiones. Observa su forma de actuar y reaccionar.

Puede que te enteres de que Roger no empezará a trabajar en una nueva tarea hasta que no se le informe detalladamente de los pormenores del proyecto, pero su colega, Jill, prefiere que se le den los objetivos y trabajar ella misma en los detalles. Puede que descubras que Richard es una persona muy sensible y que, si eres consciente de su sensibilidad, puedes conseguir su plena cooperación. No existe un motivador universal. Se necesitan muchos enfoques, cada uno adaptado a la persona. Eso es lo que hace que el trabajo del líder sea tan difícil y tan gratificante cuando se hace bien.

Se puede obtener lo mejor de aquellos con los que nos relacionamos —en el trabajo o en otras actividades— si nos tomamos el tiempo y el esfuerzo necesarios para saber qué desean esos hombres y mujeres y trabajamos con ellos para ayudarles a alcanzar sus deseos.

Intenta honestamente ver las cosas desde el punto de vista de la otra persona.

DALE CARNEGIE

Interésate de verdad por la otra persona

Puedes hacer más amigos en dos meses interesándote por otras personas que en dos años intentando que los demás se interesen por ti.

DALE CARNEGIE de *CÓMO GANAR AMIGOS E INFLUIR SOBRE LAS PERSONAS*

Dale Carnegie no solo escribió ese proverbio, sino que lo vivió. Todos los que conocieron a Carnegie destacaron su capacidad para interesarse sinceramente por quien le acompañaba. Uno de sus amigos, que le acompañó en un programa en el que era el orador principal, relató que varias personas le saludaron mientras se dirigía al estrado. Se tomó el tiempo de escuchar, asimilar y comentar lo que decía cada persona. En ese momento, el hombre o la mujer a quien se dirigía era la persona más importante de la sala. Tardó cuarenta y cinco minutos en llegar al estrado, pero cada persona con la que habló sintió y recordó su profundo interés por ella.

Ya sea un nuevo conocido, un viejo amigo, un jefe, un empleado o un compañero de trabajo, ten en cuenta que esa persona está más interesada en sí misma que en tus problemas. «Su dolor de muelas significa más para él que una hambruna en China que mate a un millón de personas. Un forúnculo en el cuello le interesa más que cuarenta terremotos en África».

Un viejo proverbio resume todo esto: «Un cotilla habla de los demás, un aburrido habla de sí mismo y un conversador brillante habla de ti».

Lo que la gente realmente quiere de su trabajo

Para ganarte la confianza de las personas a las que supervisas, es importante saber lo que realmente quieren de su trabajo y asegurarles que comprendes sus deseos y te comprometes a ayudarles a conseguirlos.

Robert Lebow, ejecutivo de marketing, pidió a *International Survey Research* de Chicago que le ayudará a responder a esa pregunta: ¿qué quiere realmente la gente de su trabajo? Tras analizar las respuestas de 2,4 millones de trabajadores de treinta y dos sectores industriales de Estados Unidos, a lo largo de diecisiete años, Lebow informó de que las siguientes ocho características eran las más destacadas:

- Ser tratado con honestidad inflexible.
- Ser merecedor de la confianza de sus socios.
- Acompañar y ser acompañado desinteresadamente.
- Ser receptivo a las nuevas ideas, independientemente de su origen.
- Ser capaz de asumir riesgos por el bien de la organización.
- Dar crédito a quien lo merece.
- Comportarse éticamente.
- Considerar los intereses de los demás antes que los propios.

Suma y sigue

Esfuérzate por conocer realmente a las personas con las que te relacionas. Para ello:

- Interésate de verdad por los demás.
- Anímalos a hablar de sí mismos; utiliza la «intervista» para obtener información.
- Habla en términos de sus intereses.
- Haz preguntas, muestra un interés genuino por los demás y su punto de vista.
- Escucha. Escucha sinceramente con tus oídos, tus ojos y tu corazón.
- Observa y recuerda cómo actúa, reacciona e interactúa tu gente.
- Aprende y comprende su *modus operandi*.
- Actúa conforme a lo que has oído.
- Cumple lo que prometes, cuando lo prometes.
- Haz seguimiento y acaba lo que empieces.

- Averigua lo que la gente quiere de su trabajo y comprométete a trabajar con ellos para conseguir sus objetivos laborales.
- Actúa de forma genuina, moral, honesta e íntegra.

6

Cómo llevarte a la gente
a tu terreno

¿Por qué una persona puede cambiar tan fácilmente toda nuestra actitud mental y hacernos hacer voluntariamente lo que una hora antes no teníamos ni idea de hacer y de lo que nunca pensábamos que seríamos capaces, cuando otra podría habernos hablado hasta la saciedad de lo mismo y no habernos hecho cambiar de opinión ni un ápice al respecto? ¿Por qué una persona nos convence de que debemos comprar un artículo que unos minutos antes estábamos seguros de que no solo no necesitábamos ni descábamos, sino que bajo ningún concepto compraríamos? Porque esa persona es un maestro en el delicado arte de la persuasión.

Se puede aprender a ser persuasivo. Al igual que los hombres y las mujeres nacen con dotes naturales para la música y el arte, ciertos hombres y mujeres tienen, en alto grado, cualidades naturales que les permiten persuadir a los demás y llevárselos a su terreno.

Si bien es cierto que algunas personas tienen más capacidad natural que otras, también lo es que la mayoría puede, con formación, adquirir las habilidades necesarias para tener éxito. Veamos un trabajo en el que la capacidad de persuasión es un elemento fundamental: las ventas. Aunque no vendas un producto o un servicio, sino que vendas tus ideas a otras personas, debes considerarte un vendedor.

Cuando Darlene D., directora de Recursos Humanos de un fabricante de cosméticos, estudió las hojas de asistencia, se reafirmó en la necesidad de hacer algo con el creciente problema de las tardanzas.

Castigar a los que llegaban tarde no había servido de nada, y un plan para recompensar a la gente por una asistencia perfecta no había conducido a una mejora significativa. Un año antes había sugerido el horario flexible como alternativa, pero su jefe lo había rechazado al instante. ¿Podría reintroducir esta idea ahora y hacerle cambiar de opinión?

Vender ideas no difiere mucho de vender un producto o un servicio. Siguiendo los planteamientos de los vendedores de éxito, podemos persuadir a los demás para que acepten nuestras ideas. El primer paso en cualquier actividad de venta es prepararse adecuadamente. Ningún buen vendedor intentaría hacer una venta sin una preparación meticulosa.

Aclara tus ideas

Al igual que un vendedor debe conocer a fondo su producto para poder venderlo, tú debes saber todo lo posible sobre la idea que quieres vender. Antes de que Darlene siquiera aborde el tema del horario flexible con su jefe, debe saber todo lo posible sobre este concepto. Debe leer la bibliografía disponible sobre el tema, hablar con ejecutivos de otras empresas que hayan adoptado programas similares y sondear las actitudes de algunos de los empleados a los que afectaría.

Si existen variaciones del concepto que deseas presentar, infórmate sobre ellas y analiza las alternativas. La mayoría de las ideas tienen inconvenientes y limitaciones. Afróntalas y averigua cuáles son y qué pasos hay que dar para superarlas.

¿Qué ofreces?

A partir de tu análisis del tema, determina qué hará este concepto que no pueda hacer ningún otro. Al estudiar la experiencia de las empresas que utilizan horarios flexibles, Darlene descubrió que la impuntualidad se reducía significativamente en todas ellas. También aprendió que la productividad no se resentía, aunque los empleados no estuvieran disponibles al mismo tiempo. También facilitaba la contratación de nuevos empleados, sobre todo de madres trabajadoras. Por tanto, la característica sobresaliente del horario flexible es que puede combinar estos beneficios. «Reducirá la impuntualidad sin pérdida de productividad y, al mismo tiempo, atraerá a buenas personas a la empresa».

¿Qué gana el comprador?

Todo vendedor sabe que la principal preocupación de cualquier comprador es: «¿Qué gano yo?».

¿Cómo se beneficiará la empresa si acepta tu idea? La mayoría de las empresas son conscientes de los costes, por lo que debes ser capaz de demostrar que tu idea es rentable.

Al vender la idea a una persona con la que trabajas y a la que conoces bien, como tu superior inmediato, si has observado detenidamente a esa persona, la has escuchado y le has hecho buenas preguntas en una «intervista», deberías saber cuáles son sus intereses. Prepárate para adaptar tu presentación a esos intereses. Si puedes adaptar lo que ofreces a lo que más desea la otra persona, habrás aumentado tus probabilidades de cerrar la venta. Este es el motivo de compra dominante (MCD) del comprador.

Sin embargo, si la persona a la que haces la presentación es prácticamente un desconocido, es importante averiguar qué es lo que realmente le preocupa. Para conocer su MCD, debes estar preparado para hacer preguntas que revelen los verdaderos intereses de la persona. Aprende lo que puedas de otras personas que traten con esta persona. Intenta reunirte con esta persona antes de hacer tu presentación y hazle buenas preguntas, que podrían aclararte las ideas. Haz preguntas directas como: «¿Qué deseas conseguir en tal o cual actividad?» y «¿Cuáles son tus objetivos para este año?» o preguntas indirectas como: «¿Qué logros de tu pasado te dieron más satisfacción?» y «¿Por qué?» Escucha atentamente las respuestas y captarás qué es lo que realmente entusiasma al comprador: su MCD.

Desarrolla las pruebas

Los buenos vendedores siempre disponen de pruebas para demostrar sus argumentos. Para vender una idea, la mejor prueba es la experiencia de otras organizaciones que han utilizado soluciones similares con éxito. Darlene se puso en contacto con varias empresas de su comunidad que llevan varios años y pudo obtener datos considerables sobre los beneficios que les reportaba. También averiguó qué problemas tenían y cómo los superaban. Al conocer tanto los aspectos negativos como los positivos, pudo prepararse para las objeciones que pudiera plantear su jefe y desarrollar los argumentos necesarios para rebatirlas.

Adapta la oferta a la demanda

Los hechos por sí solos rara vez consiguen una venta. El vendedor debe ser capaz de demostrar cómo esos hechos se traducen en beneficios para el comprador. Al prepararte para vender una idea, enumera en una columna cada uno de los hechos que hacen que tu idea merezca la pena y en la siguiente columna el beneficio que aportan al comprador.

Para la idea de horario flexible de Darlene, los principales beneficios para la empresa eran que reduciría las tardanzas en un

80 %, lo que podría suponer un ahorro de dos mil trescientos dólares al mes. Mejoraría la moral del departamento y reduciría la rotación. También atraería a mejores trabajadores, lo que aumentaría la productividad.

Si muestras cómo la idea que estás vendiendo satisfará lo que el comprador quiere para la empresa, tu presentación resultará positiva y persuasiva. Nadie quiere que le «vendan algo». Todo el mundo quiere sentir que lo que se ha comprado es lo que él o ella quería comprar. Si le muestras a la persona a la que le presentas tu idea cómo esta encaja en lo que realmente quiere, es más probable que consigas que la acepte.

Presenta tu idea

Ahora estás listo para hacer la presentación y vender tu idea al jefe.

Capta la atención de tu público

El primer paso consiste en captar toda la atención de la persona a la que se va a hacer la presentación. Los vendedores suelen captar la atención de un posible cliente comentando la decoración de la oficina o un cuadro en la pared o cualquier otro asunto ajeno. Cuando te dirijas a una persona con la que trabajas, es mejor empezar con algo que sepas que le va a interesar. Si él o ella es «todo negocios», entonces empieza por el negocio en cuestión. «Doug, sé lo preocupado que has estado por aumentar la productividad. Una de las causas, como sabes, es nuestra dificultad para contratar buenos empleados administrativos. Si hubiera una forma de atraer a más personal cualificado, te gustaría conocerla, ¿verdad?».

La única respuesta que puede dar Doug es «sí». Darlene ha presentado la principal ventaja de su concepto y se ha ganado la atención inmediata. Ahora debe hacer un seguimiento para determinar los intereses específicos de Doug.

Formula preguntas y escucha las respuestas

Aunque, por la experiencia de Darlene trabajando con Doug, sabe mucho de lo que realmente le interesa, debe estar preparada para hacer preguntas concretas sobre sus objetivos. Si está tratando con una persona a la que no conoce bien, esta parte de la presentación puede ser la más importante. Es esencial descubrir qué es lo más importante para esta persona: su MCD. Puede que descubras que la principal preocupación de una persona es la rentabilidad, mientras que otra está más interesada en cómo afectará a su imagen.

Muchas personas están tan ansiosas por vender sus ideas que no escuchan realmente lo que quiere el comprador. Algunos vendedores suponen que, como el precio de su producto es inferior al de los competidores, pueden hacer hincapié en el ahorro de costes, por lo que no escuchan la preocupación del posible cliente por la calidad. No presupongas que los intereses del ejecutivo son los mismos que los tuyos. Escucha atentamente las respuestas a tus preguntas y prepárate para captar sutilezas que puedan conducirte a los verdaderos intereses de esa persona.

Despierta el deseo

El siguiente paso es conseguir que esa persona se interese por tu propuesta. Debes despertar su deseo de poseer lo que le vendes o de adoptar la idea que le propones. Una vez logrado esto, la aceptación es casi segura. Para ello, hay que apelar a las emociones de esa persona, al corazón más que a la cabeza.

Nunca despertarás el deseo de una persona hablando de lo que tú quieres. Primero hay que explorar lo que la otra persona realmente quiere. Lo que es importante para ella, lo que le excita.

Para ello, debes escuchar de verdad las respuestas a tus preguntas. Escucha con atención. Prepárate para captar sutilezas que te lleven al verdadero interés de esa persona. Luego, si adaptas tu presentación a esos deseos, estarás en el buen camino. Bill D. es un vendedor de éxito. Cuando le preguntaron por sus logros, afirmó que su secreto no era más que su maravilloso poder para persuadir a la gente, para hacerles cambiar de opinión, para hacer que un posible cliente viera las cosas desde su punto de vista. «Y esto», añadió, «es la esencia, la quintaesencia, si se quiere, del arte de vender: el poder de hacer que otro vea las cosas como nosotros las vemos». ¿Cómo lo hizo Bill? Buscaba y encontraba lo que había en el corazón de su cliente potencial, lo que realmente influiría en su forma de pensar. Escuchando atentamente, observando sus expresiones faciales y su lenguaje corporal, dio con el factor clave. «La mayoría de las veces», me dijo, «se trataba de un factor emocional más que práctico».

El camino real hacia el corazón de un hombre es hablarle de las cosas que más aprecia.

DALE CARNEGIE

Sé sincero

La capacidad de hacer que los demás piensen como tú es un poder tremendo y conlleva una gran responsabilidad. Si no se utiliza con sinceridad y honestidad, resultará un bumerán y perjudicará a la mayoría de quienes lo usen.

El viejo discurso de ventas de acoso y derribo ya no funciona y nunca fue realmente el enfoque más eficaz. Ya ha pasado la época en que a un vendedor se le medía sobre todo por su capacidad para contar buenas historias y bromear con sus clientes potenciales. La honestidad ante todo es el lema comercial hoy en día. Los números de encantamiento han pasado de moda. Aunque puedes, y debes, ser tan afable como realmente seas, tienes que ser totalmente sincero.

Hoy en día, es la charla directa y franca, la cruda realidad, lo que sellará la venta. El vendedor de éxito utilizará su poder de persuasión para presentar esa realidad de tal manera que el cliente potencial sienta que el presentador está actuando sinceramente en su propio interés. A nadie le gusta la idea de que le «vendan algo» y cuestionará tus motivos si lo intentas.

Sin embargo, un elogio sincero y con mucho tacto ayudará considerablemente a tu causa con la gente corriente. Recuerda que la persona con la que estás tratando estará siempre en guardia contra cualquier tipo de engaño y buscará cualquier signo de falta de sinceridad.

Ten en cuenta los intereses de la otra persona

Nada puede sustituir a la transparencia absoluta, la sencillez, la honestidad y la amabilidad. Cuando dudes de cómo afectarán tus actos a otra persona, hazte esta pregunta: «¿Me gustaría que otra persona me hiciera lo mismo?»

Marshall Field, el fundador de la tienda que lleva su nombre, era un experto en la lectura de la personalidad. Siempre estaba estudiando a sus empleados y calibrando sus posibilidades. Nada escapaba a su aguda mirada. Incluso cuando los que estaban a su alrededor no sabían que pensaba en ellos, les tomaba la medida en cada oportunidad. Su capacidad para sopesar y medir a su gente, para detectar casi de un vistazo sus puntos débiles y sus puntos fuertes, era prácticamente genial.

Un paso importante para convertirse en una persona persuasiva es estudiar este poder de penetración, esta capacidad de leer la personalidad. Debes dedicarte a estudiar a las personas y los motivos que las mueven.

Como se señaló en el capítulo anterior, no hay dos personalidades exactamente iguales, y debes acercarte a cada una por la vía de menor resistencia. Recuerda la regla de platino: Haz a los demás lo que ellos quieren que hagas con ellos. No te precipites en tus juicios ni te decidas demasiado rápido a la hora de evaluar a las personas. Mantén tu decisión en suspensión temporal hasta que sepas todo lo que puedas. sobre una persona. Obtén todas las pruebas que puedas antes de actuar según tu primera impresión, porque de la exactitud de tu percepción dependen muchas cosas.

Solo hay una forma de conseguir que alguien haga algo. Y es haciendo que la otra persona quiera hacerlo.

DALE CARNEGIE

Presenta las pruebas

En tu preparación debes haber desarrollado pruebas considerables que respalden las ideas que deseas vender. Una vez que sepas lo que realmente quiere el ejecutivo al que debes vender el concepto, podrás adaptar las pruebas a los deseos de esa persona.

Darlene sabe que su jefe, Doug, es pragmático. No acepta teorías vagas, pero le impresionan los hechos y las cifras. También sabe que mide todos los proyectos en función de la rentabilidad. Para venderle la flexibilidad horaria, debe estar preparada para demostrarle cómo ha funcionado en otras empresas, cuánto les ha costado y cómo les ha compensado.

«Doug, he hablado de esto con Hilary Hendricks, la directora de Recursos Humanos de Fitrite Shoes. Hace tres años implantaron el horario flexible. Me ha dicho que así han reducido los retrasos en un 80 %, con lo que han ahorrado dos mil trescientos dólares al mes. Además, al atraer a más empleados que prefieren un horario flexible, han podido contratar a administrativos de gran calibre y han reducido considerablemente la rotación». ¿Cómo deben presentarse las pruebas? Si conoces a la persona a la que vas a vender el concepto —en la mayoría de los casos, tu supervisor o uno o varios ejecutivos de tu empresa—, debes saber cómo le gusta recibir la información. Algunas personas prefieren cuadros, gráficos e ilustraciones, mientras que a otras les convencen más los argumentos convincentes y los ejemplos concretos. Si utilizas el formato que más pueda impresionar a tu público, tendrás más posibilidades de vender tu propuesta.

Aborda cualquier objeción

A los vendedores les gustan las objeciones. Les ayudan a determinar lo que realmente quiere el cliente potencial y les permiten enfrentarse a ello y aumentar sus posibilidades de conseguir la venta. Los buenos vendedores se anticipan a las objeciones que pueden presentarse y están preparados para abordarlas.

Si quieres convencer a los demás de que acepten un concepto, estudia todos los aspectos negativos que puedan plantear los demás y prepárate para rebatirlos o, si son válidos, para demostrar cómo las ventajas de tu concepto superan a los inconvenientes. Prepara datos y cifras para justificar tu postura, pero piensa también en los aspectos intangibles y apela a sus emociones.

Doug había rechazado el concepto de horario flexible hace un año porque creía que perturbaría la producción. Su argumento entonces era: «Si todo el mundo llega a horas diferentes, ¿cómo podemos conseguir una producción coordinada? Supongamos que el supervisor necesita información crítica de un trabajador que ya se ha ido o no ha llegado».

La investigación de Darlene habría sacado a relucir cómo otras empresas han afrontado esta situación, y debería estar preparada para señalar cómo las ventajas superan a las limitaciones.

Cierra la venta

Hay varios enfoques para cerrar una venta. Probablemente el más adecuado para vender una idea a un directivo de tu empresa sea pedirle que te ayude a evaluar tu concepto. Divide un papel en dos columnas. Encabeza una con «Negativos» y la otra con «Positivos».

Enumera inmediatamente las principales objeciones que se han planteado en la columna «negativa» y escribe los contrapuntos en la columna «positiva». Añade a la columna «positiva» todas las ventajas adicionales que se hayan mencionado. Si has hecho los deberes, deberías tener muchos más aspectos positivos que negativos. A continuación, di: «Veamos algunas de las razones que puedan hacerte dudar a la hora de aceptar esta idea y comparémoslas con las razones a favor de seguir adelante. En tu opinión, ¿qué lado pesa más?». La respuesta debe ser el lado positivo.

Una vez que hayas obtenido el acuerdo de que tu concepto es viable, pregunta: «Ya que estás de acuerdo en que es una buena idea, me gustaría discutir cómo se puede poner en práctica». Si el concepto tiene que ser «vendido» por tu jefe a otros ejecutivos antes de que pueda ser adoptado, sugiérele que estarás encantado de ayudarle a preparar esa presentación.

Mediante una cuidadosa preparación y siguiendo los planteamientos utilizados por los vendedores de éxito, podrás presentar y vender tus ideas y obtener esa gran satisfacción de poder ver tus conceptos aceptados y llevados a la práctica.

Los convencidos en contra su voluntad siguen teniendo la misma opinión.

DALE CARNEGIE

Haz que la otra persona se sienta importante

Todo el mundo quiere sentirse importante. La mayoría queremos que nos traten como «VIPs», independientemente de nuestro rango en una jerarquía determinada. Con demasiada frecuencia, un supervisor o directivo dirige un departamento de forma arbitraria. Karl era uno de esos jefes que se consideraba un dictador, tomaba todas las decisiones y daba órdenes a su personal. Si un empleado se quejaba o, en algunos casos, dimitía, lo achacaba a su incompetencia o falta de lealtad.

Cuando Sara, una de las mejores trabajadoras, se puso en contacto con Recursos Humanos para pedir el traslado a otro departamento, él se quedó de piedra. Nunca se le había ocurrido que ella estuviera descontenta. Le dijo al director de Recursos Humanos: «Estoy sorprendido y decepcionado porque siempre he sido justo con ella y nunca la he regañado ni disciplinado. Debes rechazar su petición y hacer que se quede en mi departamento». El director de Recursos Humanos respondió: «No puedo obligarla a quedarse. Tienes que ganarte su apoyo. Dile lo importante que es para el departamento, exprésale tu agradecimiento por su lealtad y hazlo delante de todo tu personal». Karl se llevó a Sara aparte y le dijo que realmente quería que se quedara, que había supuesto que, como nunca había criticado su trabajo, ella sabía que él reconocía su capacidad. «Eres tan importante como yo para el éxito de este departamento. Te agradecería que aceptaras quedarte con nosotros». Más tarde Karl repitió esto delante de toda la plantilla. Sara retiró su petición y, a partir de entonces, Karl reforzó sus comentarios expresando su aprecio por lo que hace y demostrándole a ella y al resto de la plantilla lo importante que es para el departamento.

Elogia a las personas por lo que hacen bien, y luego ayúdales gradualmente con sus defectos. Este método funciona en

la oficina, en la fábrica, en casa con el cónyuge, los hijos,
los padres, con casi cualquier persona del mundo.

DALE CARNEGIE

Lanza un reto

A todas las personas de éxito les encanta tener la oportunidad de demostrar su valía, de sobresalir, de ganar. Para persuadir a esas personas, lánzales un reto. Mike F., director de una tienda de Utica (Nueva York), utilizó este método con un subdirector. Mike estaba siendo considerado para un ascenso en la cadena y estaba preparando a Bruce, un subdirector, para dirigir su unidad.

Uno de los principales defectos que Bruce tuvo que superar para ganarse el ascenso fue no terminar lo que empezaba; en consecuencia, se perdieron muchas ideas buenas y creativas. El simple hecho de decírselo a Bruce no había resuelto el problema. Así que Mike le preguntó si podía dirigir la tienda él solo. La idea era retarle. Si decía que no podía, Mike averiguaría por qué y trabajaría para superar la preocupación de Bruce. Por otro lado, si decía que podía, le pediría que lo demostrara. Mike contaba:

Cuando le reté, dijo que podía, así que le dije que gestionara la tienda durante la semana siguiente. Durante la semana, él tomaría todas las decisiones, pero yo estaría cerca para aconsejarle si lo necesitaba. Al cabo de un día, era obvio que no podía hacer parte del papeleo que yo siempre había supuesto que podía hacer. El escritorio estaba desordenado; no se archivaban los papeles; no se ordenaba la mercancía; nadie sabía exactamente cuál era el horario de trabajo. Una vez identificados los problemas, los resolvimos y llegamos a un nuevo acuerdo. Después de varias semanas, Bruce ha ido asumiendo cada vez más responsabilidades. Se ocupa de las operaciones cotidianas, dejándome libre para proyectos especiales. Juntos nos hemos entendido mejor en beneficio de la tienda. Cuando me vaya a mi nuevo destino, confío en que será un gerente de éxito.

Apela a las motivaciones más nobles de cada uno

Jim W., ejecutivo de una agencia de publicidad, aplicó este principio para convencer a Warren, un director artístico recalcitrante, de que aceptara a una becaria en su departamento:

> No quise forzar la situación diciéndole que tenía que acostumbrarse a trabajar con ella, ya que eso habría provocado resentimientos entre los dos. En lugar de eso, lo abordé de la siguiente manera: Fui a su despacho y le dije lo mucho que apreciaba que trabajara tantas horas. Le felicité por su trabajo y su dedicación. Luego le dije: «Tú necesitas un ayudante más que nadie, porque haces mucho más. Si tuvieras una ayudante joven con ganas de aprender, no le importaría trabajar duro para salir adelante».
>
> Entonces apelé a sus motivaciones más nobles recordándole que, como él y yo teníamos más experiencia en la agencia que los demás, teníamos la responsabilidad de trabajar con los jóvenes para desarrollar sus talentos. De repente se vio a sí mismo como un sabio maestro. Pocos días después, la becaria vino a mi despacho para decirme lo útil que era Warren y lo mucho que estaba aprendiendo de él.

Consigue que la otra persona diga «Sí, Sí»

Sócrates, uno de los más grandes filósofos de todos los tiempos, fue uno de los persuasores más sabios que jamás hayan existido. Sócrates tenía un método sencillo para vender sus ideas. ¿Su secreto? Nunca le decía a la gente que estaba equivocada. Su enfoque básico consistía en conseguir que la otra persona dijera «Sí». Hacía preguntas con las que su oponente tenía que estar de acuerdo. Conseguía una admisión tras otra hasta que, finalmente, su oponente aceptaba una conclusión a la que se habría resistido amargamente unos minutos antes.

Esto funciona hoy tan bien como en tiempos de Sócrates. Así que, cuando sientas la tentación de decirle a alguien que está equivocado, utiliza el método socrático y formula una pregunta que obtenga un «sí, sí» como respuesta.

Crea una situación en la que todos salgan ganando

Si no ganan todos, nadie gana de verdad. Crear «perdedores» acaba provocando divorcios, pérdida de clientes, rotación de empleados, grupos de trabajo antagónicos y empresas que funcionan por debajo de su potencial o incluso cierran. Volverse experto en un enfoque más cooperativo requiere paciencia. Las acciones inteligentes y eficaces parecen ir directamente en contra de nuestros instintos naturales.

Cuando empiezas a aprender un nuevo deporte, tus movimientos parecen torpes al principio.

Tienes que pensar cada movimiento mientras lo haces. Pero, con la práctica, los músculos memorizan los movimientos, dejando la mente libre para evaluar el panorama general. Cada vez que practicas un deporte con rigor, desarrollas tus músculos y tu memoria muscular. Del mismo modo, cada vez que trabajas en cooperación para lograr un resultado eficaz, desarrollas esos «músculos» de tu memoria emocional. Aumentas tu convicción de que la cooperación no solo es posible, sino también el medio más eficaz para alcanzar determinados objetivos. Aprendes a ver esta solución mutua como una ampliación, no como una amenaza. Descubres que la cooperación va más allá del simple compromiso para crear una solución mejor.

Ocho pasos para conseguir oportunidades en las que todos salgan ganando

Las mejores soluciones benefician a todas las partes interesadas: son oportunidades en las que todos salen ganando. A veces, una o ambas partes deben sacrificar algo como parte del compromiso, pero, en general, estas oportunidades resultan en el mayor beneficio para el mayor número de personas. Para avanzar hacia soluciones beneficiosas para todos, sigue los siguientes ocho pasos:

1. **Define o describe la oportunidad.** Identifica claramente cuál es la oportunidad desde una perspectiva completa del panorama. Identifica lo que está en juego. Piensa en términos de resultados.

2. **Enumera todas las opciones o soluciones posibles.** Haz una lluvia de ideas sobre cada opción y todas sus ramificaciones.

3. **Enumera los pros y los contras de cada opción o solución.** Identifica y sopesa los pros y los contras para eliminar la emoción de la decisión. La ponderación nos permite tener en cuenta tanto las emociones como las razones y los datos.

4. **Elige la que parezca ser la mejor opción.** Basándote en los pros y los contras de la lista, elige la opción o solución que probablemente produzca el resultado más beneficioso.

5. **Enumera los pasos que deben darse para ejecutar o aplicar la solución.** Define los pasos necesarios para llevar a cabo con éxito la decisión.

6. **Identifica a las personas responsables de ejecutar o aplicar la solución.** Especifica también la responsabilidad de cada persona.

7. **Identifica formas de seguir los progresos y medir el éxito.** Establece calendarios, normas y métricas, así como un sistema de seguimiento para mantener la concentración y exigir responsabilidades. Define qué determinará si la decisión ha sido acertada.

8. **Supervisa los progresos y realiza los ajustes necesarios para mantener el rumbo.** Mide los resultados, compáralos con los previstos y haz correcciones o cambia de rumbo si es necesario. La mayoría de los proyectos complejos o difíciles no se desarrollan según lo previsto, así que hay que ser flexible.

Suma y sigue

Para persuadir a los demás con tal de que acepten tus ideas:

- Muestra respeto por la opinión de la otra persona. Nunca le digas a una persona que está equivocada.
- Empieza de forma amistosa.
- Consigue que la otra persona diga «sí» inmediatamente.
- Deja que la otra persona hable mucho.
- Deja que la otra persona sienta que la idea es suya.
- Intenta honestamente ver las cosas desde el punto de vista de la otra persona.

- Sé comprensivo con las ideas y deseos de la otra persona.
- Apela a las motivaciones más nobles de cada uno.
- Lanza un reto.
- Consigue que el miembro negativo o reacio del equipo participe poniéndole en el papel de líder o ayudante.
- Explícale tu punto de vista y las ventajas del mismo.
- Pregunta: «¿Qué te parece?».
- Aprende qué motiva a los que te rodean y habla desde el punto de vista de la otra persona.
- Muéstrate dispuesto a ceder y negociar. Genera una solución en la que todos salgan ganando.

7

Cómo tratar con personas difíciles

Tanto en el trabajo como en otros grupos en los que participes, tendrás que tratar con todo tipo de personas, cada una con una personalidad, inteligencia y creatividad únicas. También tienen idiosincrasias, actitudes, estados de ánimo y problemas, y traen todas esas cosas consigo. Uno de los grandes retos de ser líder consiste en reconocer y tratar este tipo de problemas. Esto es especialmente importante cuando se es el líder de un grupo y se es responsable de alcanzar sus objetivos. Veamos algunas de las personas con las que puede que tengas que tratar.

No cabe duda de que en tu grupo habrá algunas de estas personas. Todo jefe de equipo o supervisor las tiene. Pueden hacerte la vida imposible o convertirla en un reto constante. No puedes ignorar a esta gente, debes tratar con ellos, así que a continuación tienes algunas sugerencias.

Detectar a los susceptibles

A nadie le gusta que le critiquen, pero la mayoría de la gente puede aceptar las críticas constructivas. Sin embargo, a algunos les molesta cualquier crítica. Cuando les haces la más mínima crítica, ponen mala cara, se ponen a la defensiva y te acusan de meterte con ellos. Sé amable con ellos. Sé diplomático. Empieza elogiando las partes de las tareas que han hecho bien. Después, hazles algunas sugerencias sobre cómo pueden mejorar en las áreas insatisfactorias.

El miedo de Kathy a ser criticada la ha hecho excesivamente cauta en todos los ámbitos de su trabajo. En lugar de arriesgarse a cometer un pequeño error, comprueba, vuelve a comprobar y vuelve a comprobar todo lo que hace. Este proceso puede minimizar su exposición a las críticas, pero consume tanto tiempo que ralentiza a todo su equipo. Y lo que es peor, se retrasa en la toma de decisiones, alegando que necesita más información. Incluso después de obtener la información, pasa la pelota a otra persona.

Si los miembros de tu grupo o equipo se comportan como Kathy, sigue estas pautas para ayudarles a superar sus miedos:

- Asegúrales que, gracias a sus excelentes conocimientos en su campo, su trabajo suele ser correcto a la primera y no hay que revisarlo repetidamente.
- Señala que los errores ocasionales son normales y que pueden detectarse y corregirse posteriormente, sin que ello repercuta en la capacidad de la persona que los cometió.
- Si estás de acuerdo en que la gente necesita más información antes de tomar una decisión, oriéntales hacia recursos que les ayuden a obtenerla. Si crees que disponen de información suficiente, insiste en que tomen decisiones rápidamente.
- Si los empleados te preguntan qué hacer, diles que es su decisión y que la tomen rápidamente.

En la mayoría de los casos, las personas excesivamente sensibles tienen experiencia y toman buenas decisiones. Puede que necesiten que les tranquilices para ayudarles a pasar de la reflexión a la acción.

Si le dices a la gente que está equivocada, ¿haces que quiera estar de acuerdo contigo? Jamás. Porque has golpeado su inteligencia, su juicio, su orgullo y su amor propio. Eso hará que quieran devolver el golpe. Pero nunca les hará cambiar de opinión. Puedes lanzarles toda la lógica de un Platón o un Immanuel Kant, pero no cambiarás su opinión porque has herido sus sentimientos.

DALE CARNEGIE

Lidiar con las rabietas

Terry es un buen trabajador, pero de vez en cuando pierde los nervios y grita a sus compañeros e incluso a ti. Se calma rápidamente, pero su comportamiento afecta al trabajo de todo el grupo y se tarda un tiempo en recuperar el rendimiento normal. Has hablado varias veces con Terry sobre su temperamento, pero no ha servido de nada.

No es fácil trabajar en un entorno en el que la gente grita y vocifera, sobre todo si tú eres el objetivo. Esta situación no puede tolerarse, ya que las víctimas de una diatriba e incluso quienes se encuentran en las inmediaciones pueden verse incapacitados para trabajar a pleno rendimiento durante varias horas. He aquí algunas sugerencias para tratar con alguien que tiene rabietas:

- Haz salir a la persona de la habitación hasta que se calme. Hazle saber que la próxima infracción conllevará medidas disciplinarias.
- Cuando la persona se calme, habla con ella de corazón. Indícale que entiendes que no siempre es fácil controlar los nervios, pero que esas rabietas no son aceptables en el trabajo.

- Si la persona a la que estás criticando empieza a llorar o a tener una rabieta, ¡vete! Dile que volverás cuando se calme. Espera diez minutos y vuelve a intentarlo. Asegúrale que no se trata de un ataque personal, sino de corregir una situación. Nota: No organices este tipo de reuniones en tu despacho. No es buena idea dejar a una persona alterada sola en el despacho.
- Recomienda el dicho: «Cuenta hasta diez antes de abrir la boca».
- Si dispones de un programa de asistencia al empleado, sugiere al miembro del equipo que acuda a uno de sus asesores.

Niega la negatividad

Casi todas las organizaciones tienen una «Nancy o un Nathan Negativo». Siempre que estás a favor de algo, ellos están en contra. Siempre tienen una razón para decir que lo que quieres conseguir no se puede hacer. Estas personas son habitualmente negativas y tienen una visión pesimista del mundo. Generalmente son individuos enfadados, deprimidos y frustrados. Critican continuamente a los demás y se quejan a menudo.

Sid es el prototipo del empleado negativo. Se opone a cualquier cambio que quieras hacer.

Incita a los demás empleados a oponerse. Discute contigo sobre cualquier tema y solo cumple las órdenes a regañadientes cuando te muestras inflexible.

Nada de lo que hagas parece ayudar. Gritar solo le hace discutir más; razonar no funciona; las amenazas de castigo se ignoran y el castigo real solo tiene un beneficio temporal.

¿Por qué se comporta así Sid? A menudo se trata de un problema a largo plazo, que empieza en la infancia con la rebelión contra los padres, continúa en la escuela oponiéndose a profesores y directores y ahora, en el lugar de trabajo, tú eres la figura de autoridad contra la que lucha. Considera cualquier cosa sugerida o respaldada por la dirección en general como contraria a los empleados o, específicamente, como contraria a Sid. Poco puedes hacer para cambiar su actitud. Necesita ayuda profesional. Todo lo que puedes hacer es trabajar para cambiar su comportamiento en situaciones específicas, un esfuerzo difícil pero posible.

Todas las personas quieren tener cierto control sobre sus vidas. La mayoría de nosotros nunca lo tenemos. Desde la infancia, alguien —un padre, un profesor, un entrenador, un jefe— nos dice lo que tenemos que hacer. De niños, podemos luchar contra ello con rabietas, rebelándonos en la adolescencia o manipulando a nuestros padres o profesores. De adultos, aprendemos que no es tan fácil manipular a otros adultos, sobre todo a nuestros jefes, por lo que tenemos que aprender a lidiar con esto de forma madura: cambiando lo que podamos mediante la persuasión y aceptando aquellas cuestiones que no podamos cambiar. La persona negativa se niega o es incapaz de aceptar el control. Lucha contra él de todas las formas posibles, haciendo desgraciados a sus jefes, a sus compañeros y, a menudo, a sí misma.

Lo que debes hacer

Sandra, la jefa de Sid, estaba tan frustrada por su negatividad que perdía los nervios y amenazaba con despedirle si seguía así. Sid sabía que era poco probable que cumpliera esta amenaza porque él era un especialista muy cualificado y difícil de sustituir. Estas amenazas no solo no surtieron efecto en él, sino que aumentaron la frustración de Sandra. No amenaces a menos que tengas intención de hacer lo que dices.

No le guardes rencor. Aunque Sid se oponga a ti en la mayoría de las cosas, debes tratarle como a un empleado valioso, no como a un rebelde. Convertirle en un paria solo reforzará su oposición a ti.

Phil no tolera el negativismo. Cuando se enfrenta a un empleado que sigue sin estar de acuerdo o discute con él, tiende a enzarzarse en peleas a gritos. Los gritos nunca han convencido a la gente a cambiar de opinión. Nunca levantes la voz cuando discutas con uno de los tuyos. Eso empeora la situación en lugar de calmarla.

Cuando a la persona negativa se le ocurran excusas fatuas para no hacer lo que se suponía que tenía que hacer, no las desprecies ni intentes rebatir una razón obviamente inane. Razonar en este punto solo provocará más resistencia. Ignora la excusa y refuerza lo que debe hacerse.

Myra es una persona con tendencia a la discusión. No solo se resiste a cualquier idea nueva, sino que discute contigo sobre cada punto. No tiene sentido interrumpirla, porque no escucha. Deja que se desahogue antes de hacer ningún comentario. Solo entonces te hará caso.

Controla tus emociones

Es fácil perder la paciencia con las personas negativas. Sin embargo, no es necesario, ni siquiera posible, dejar de mostrar desagrado cuando alguien te desafía constantemente. En lugar de pensar: «Vuelve a las andadas. No voy a dejar que me mangonee», entrénate para pensar: «Está manifestando sus sentimientos antiautoridad. No tiene nada que ver con el problema ni conmigo». Al no tomarlo como una afrenta personal, puedes afrontarlo de forma lógica, no emocional.

Establece directrices claras

En lugar de dar instrucciones específicas, cuando sea posible, haz que los empleados participen en la forma de realizar una tarea y en los plazos de entrega del trabajo. Facilítales normas de rendimiento inequívocas que deban cumplirse, pero deja que sean ellos quienes determinen qué hacer para cumplirlas. Esto minimiza las peleas por detalles y asuntos menores. Las personas negativas seguirán encontrando cosas que objetar, pero, al darles más control sobre su trabajo, eliminas la necesidad de que se peleen contigo en cada punto.

Escucha lo que no dicen

Las personas negativas no dudarán en decirte lo que les preocupa. Sin embargo, es posible que los verdaderos problemas se queden sin decir. Una diatriba sobre algún maltrato percibido puede ser un subterfugio para ocultar el miedo a que no te guste la persona que la expresa. A menudo, el negativismo es un grito de ayuda. Al filtrar de sus quejas las áreas que no se mencionan, puede que descubras la verdadera razón de la actitud negativa.

Al responder a estas situaciones, pregúntate qué puedes decir o hacer en este momento para responder a la situación real, así como al agravio percibido. Una respuesta imparcial y sin prejuicios animará al empleado a revelar más capas de emoción hasta que se sienta comprendido. Una vez que esto ocurre, es más probable que la persona coopere.

Si percibes que la persona teme no caerte bien, después de abordar el problema inmediato, comenta algunas de las cosas buenas que ha hecho y asegúrale tu aprecio y respeto.

Trabaja en la construcción de una relación positiva

Las personas negativas necesitan que las tranquilicen constantemente. Si te esfuerzas por establecer una relación positiva con ellas, quizá no cambies su personalidad, pero puedes influir en su comportamiento.

Habla con ellas. Aprende todo lo que puedas sobre sus intereses, sus objetivos y su vida fuera del trabajo. Averigua qué quieren de este trabajo que no están consiguiendo ahora. Si es posible, ofréceles formación, apoyo y asesoramiento para ayudarles a superar los problemas y alcanzar sus objetivos. No es necesario ser su amigo, pero sí lo es no ser su enemigo. Dedica tiempo a explicar tus decisiones. Pídeles ideas y opiniones. Charla con ellos de manera informal sobre asuntos no comerciales para que te vean como un ser humano al completo, no solo como un jefe o un representante de la dirección.

Si te tomas el tiempo necesario para conocer a tus personas negativas y cambiar tu forma de pensar sobre ellas, de la de un empleado problemático a la de un ser humano con problemas, descubrirás que se desarrolla una relación más fluida y productiva.

No juegues al «Te pillé»

¿Ha trabajado alguna vez con un colaborador cuya mayor alegría en la vida es pillar a otras personas —especialmente a ti— cometiendo un error?

Las personas que juegan a este juego intentan demostrar su superioridad. Como no suelen tener ideas originales ni sugerencias constructivas, se divierten señalando los errores de los demás, sobre todo los de su jefe. Intentan avergonzarte e incomodarte. No les des esa satisfacción. Haz una broma al respecto («¡Qué metedura de pata!») o sonríe y di: «Gracias por llamarme la atención antes de que causara verdaderos problemas». Si ven que no te molesta su juego, dejarán de hacerlo e intentarán divertirse en otra parte.

Trabajar con personas descontentas

Es probable que en tu equipo haya al menos una persona descontenta. Todos pasamos por periodos en los que las cosas van mal en casa o en el trabajo, y eso afecta a nuestra forma de hacer el trabajo y de relacionarnos con los demás miembros del personal. Los supervisores deben estar atentos a esta posibilidad y dedicar tiempo a charlar con la persona. Dar a una persona la oportunidad de hablar de un problema suele aliviar la tensión. Aunque el problema no se resuelva, aclara las cosas y permite al colaborador funcionar con normalidad.

Algunas personas, sin embargo, siempre estarán descontentas por algo. A menudo no están satisfechas con las tareas que se les asignan. Incluso cuando accedes a sus peticiones y atiendes sus quejas, no están satisfechas. Muestran su descontento con una actitud negativa. Por ejemplo, si a alguien se le deniega la petición de un cambio en la programación de sus vacaciones, esa persona puede enfadarse y mostrarlo tanto abierta como sutilmente en su actitud.

Nunca se puede contentar a todo el mundo. Reconstruir la moral de las personas que creen que han sido tratadas injustamente requiere tacto y paciencia. Los directivos pueden evitar algunas situaciones injustas asegurándose —en el momento en que se toma una decisión— de explicar los motivos de la misma. En el ejemplo de las vacaciones, podrías explicar que tu empresa establece el calendario de vacaciones con meses de antelación y que otros dos empleados se van de vacaciones al mismo tiempo. A continuación, deja claro que tu grupo no puede prescindir de más de un miembro de vacaciones a la vez. Incluso puedes sugerir a la persona descontenta que intente encontrar a otro miembro del personal que le intercambie las vacaciones.

Otros tipos de personas difíciles que nos encontramos en el trabajo son:

«Inamovibles»

Se trata de personas que se resisten al cambio, ya sea abiertamente o de forma pasivo-agresiva. Puede que estén de acuerdo con el cambio, pero sabotean su aplicación. Si tratas con este tipo de personas, apela a sus motivaciones más nobles, hazlas partícipes del cambio y formaliza un acuerdo sobre el cambio y el papel que desempeñarán en la aplicación de las nuevas ideas.

Los «de nueve a cinco»

Estas personas trabajan de nueve a cinco, ni más ni menos. Se apresuran a decir que algo no es su trabajo.

A estas personas a veces se les llama jugadores «C». Son los que siempre se conformaron con obtener un aprobado justo en la escuela. Hacen lo mínimo para salir adelante y cobrar su sueldo.

Tómate su tiempo para conocerlos y saber qué les motiva realmente. Anímalos y muestra tu reconocimiento ante las pequeñas tareas; puede ayudarles a cambiar de opinión y aumentar su nivel de compromiso.

«Cotillas»

Estas personas disfrutan metiéndose en los asuntos de los demás y creando distracciones difundiendo rumores. Su mezquindad puede ser señal de que se sienten solas, y el trabajo es una de sus únicas fuentes de interacción. No animes a estas personas contribuyendo a los cotilleos. Limítate a los hechos y a las pruebas.

«Acusadores»

Estos individuos se apresuran a señalar con el dedo a cualquiera menos a ellos mismos cuando se han cometido errores. Siempre tienen una respuesta para explicar por qué no son responsables del error. La mejor manera de tratar con estas personas es definir claramente las expectativas y responsabilidades, de modo que cuando se produzcan errores, haya hechos que respalden el fallo en el proceso. También es útil admitir errores similares propios para ayudar a reducir la vergüenza que puedan sentir.

«No es mi personal, son mis compañeros»

Te llevas bien con tu jefe. Tú y los miembros de tu plantilla tenéis una relación estupenda. Pero no dejas de tener conflictos y problemas con uno o varios de tus compañeros: otros jefes de equipo o directores de personal. ¿Por qué? Puede haber docenas de razones. Primero mírate a ti mismo. ¿Eres tú o son ellos los que causan el problema? No es fácil ser introspectivo, pero intenta ser sincero contigo mismo. Si no te llevas bien con mucha gente, puede que sea algo que estás haciendo o pensando lo que lo causa. Puede que seas testarudo e insistas en hacer las cosas a tu manera. Puedes parecer arrogante o dominante y no darte cuenta.

Si te miras a ti mismo con sinceridad, podrás ser más consciente de cómo perciben los demás tu comportamiento. Pide ayuda a tus amigos o socios.

Por otro lado, si te llevas bien con la mayoría de las personas, pero tienes problemas con una o unas pocas, es más probable que las dificultades sean culpa suya. Busca la causa si puedes. Puede que sean de los que no se llevan bien con nadie. Puede que sus objetivos y su agenda difieran de los tuyos.

Aquí tienes un par de posibilidades más:

- **Competencia:** La otra persona puede considerarte un competidor para ascender en la empresa y consciente o inconscientemente teme cooperar contigo.
- **Celos:** Le molesta tu posición o tus logros. No hay mucho que puedas hacer contra los celos o el resentimiento de tus compañeros. Estas personas necesitan ayuda profesional. Rara vez tienen éxito en su trabajo y, a menos que sean esenciales para la organización y difíciles de sustituir, no se quedarán mucho tiempo.

En cuanto a los problemas derivados de la competencia o los celos, puedes tratarlos con diplomacia. Recuerda que necesitas ganarte la cooperación incluso de personas competitivas o celosas para llevar a cabo cualquier proyecto en el que ambos colaboréis.

> *¿No crees mucho más en las ideas que descubres por ti mismo que en las que te sirven en bandeja de plata? Si es así, ¿no es de mal juicio intentar imponer tus ideas a los demás? ¿No sería más sensato hacer sugerencias y dejar que la otra persona llegue a la conclusión?*
>
> DALE CARNEGIE

Las siguientes buenas prácticas para las ventas te ayudarán a tratar con compañeros reacios a cooperar:

- **Capta su atención.** Cuando presentes una idea, puede que se resista; haz un comentario que haga que se incorporen y presten atención. A todo el mundo le gustan los cumplidos, así que felicítale por algo que haya hecho y que realmente admires. Ya tienes su atención.
- **Haz preguntas.** Averigua qué entusiasma a la otra persona de la situación de que se trate. En lugar de presentar tu idea, haz preguntas. Escucha sus respuestas. La mayoría de la gente está tan ansiosa por «vender» sus ideas que no escucha atentamente lo que el «comprador» quiere realmente. No presupongas que sus intereses son idénticos a los tuyos. Puede que tú quieras hacer hincapié en el ahorro de costes que generará tu idea, pero tu colega puede estar mucho más entusiasmado con el potencial creativo que ofrece. No lo sabrás a menos que preguntes y escuches.

Conozcamos los hechos. Ni siquiera intentemos resolver nuestros problemas sin antes recopilar todos los hechos de forma imparcial.

DALE CARNEGIE

- **Presenta pruebas.** Desarrolla pruebas considerables que respalden las ideas que quieres vender. Una vez que sepas lo que realmente quiere la otra persona, podrás adaptar tus pruebas a sus deseos.
- **Prepárate para hacer frente a las objeciones.** Si has tenido tratos con anterioridad con esa persona, puedes anticipar qué objeciones pueden plantearse y estar preparado para rebatirlas. Tus preguntas descubrirán otras. Conocer las objeciones es la mejor manera de saber dónde están los verdaderos problemas.
- **Utiliza expresiones que amortigüen tu respuesta.** Cuando las opiniones difieren, una forma de suavizar el golpe es utilizar amortiguadores, es decir, frases que atenúen las diferencias, como estas:
  - «Ya entiendo lo que decías...».
  - «Consideremos esto...».
  - «Valoro tu punto de vista...».
  - «Discutamos también...».
  - «¿Qué tal este enfoque...?».
  - «¿Qué pasaría si...?».
  - «¿Has pensado alguna vez en...?».
  - «Compara esa idea con esta idea...».
  - Importante: Nunca acompañes los amortiguadores con estas palabras: «pero», «sin embargo», «no obstante», «aun así» o la frase «por otro lado». En su lugar, haz una pausa o di «y...».
- **Consigue que la otra persona esté de acuerdo.** Ofrece un plan de acción que ambos consideréis válido. Pídele

que te lo resuma para asegurarte de que os entendéis con claridad.

Cómo llegar a un acuerdo

Incluso cuando se trata con personas difíciles, lo mejor suele ser llegar a un consenso. En lugar de adoptar un enfoque de «a mi manera o carretera», busca el compromiso. He aquí algunas sugerencias para llegar a un compromiso:

- Ten en cuenta los intereses de los demás.
- No te tomes las cosas como algo personal ni dejes que las emociones nublen tu lógica y tu pensamiento.
- Honra y encuentra mérito en las diferencias de opinión, los prejuicios y la diversidad.
- Implica a los demás en las decisiones, escucha con la mente abierta y sé receptivo a nuevas ideas.
- Colabora y llega a un consenso mediante una lluvia de ideas. Pregunta:
  - ¿Cuál es el problema?
  - ¿Cuáles son las causas del problema?
  - ¿Cuáles son las posibles soluciones?
  - ¿Cuál es la solución más sensata?
- Habla con franqueza y decisión y ofrece pruebas de tus ideas.
- Sé un experto modesto y muéstrate dispuesto a dejar paso a la experiencia de los demás.
- Actúa de forma racional, justa y honesta.

Recuerda que los demás pueden estar totalmente equivocados. Pero ellos no piensan lo mismo. No les condenes. Intenta comprenderles. Solo las personas sabias, tolerantes y excepcionales pueden hacerlo. Hay una razón por la que los demás piensan y actúan como lo hacen. Averigua esa razón oculta y tendrás la clave de sus actos, quizá de su personalidad. Intenta sinceramente ponerte en su lugar.

DALE CARNEGIE

Mantén y mejora tu imagen bajo presión

Este enfoque inteligente para resolver conflictos no es tan fácil como parece. A veces puede que no te sientas tranquilo, racional o abierto de mente. Al tratar con personas difíciles, es esencial que mantengas la calma y no te exaltes en exceso ni pierdas el control de ti mismo.

El psicólogo William James explica: «La acción parece seguir al sentimiento, pero en realidad acción y sentimiento van juntos; y regulando la acción, que está bajo el control más directo de la voluntad, podemos regular indirectamente el sentimiento, que no lo está». En otras palabras, cuando adoptas las acciones de una persona tranquila y racional, tú te vuelves tranquilo y racional. Cuando actúas con amplitud de miras, tu mente se abre y, casi por arte de magia, la persona con la que interactúas refleja esos comportamientos y adopta los mismos sentimientos.

Entonces, ¿cuáles son las acciones que debes incorporar a tu estilo de comunicación?

He aquí algunas sugerencias:

- Cuenta hasta diez (para ti mismo, por supuesto) antes de hablar.
- Habla en voz baja.
- Mantén un lenguaje corporal abierto.
- Mantén un contacto visual suave.
- Sonríe adecuadamente.

- Mantén una distancia adecuada.
- Mantén una postura atenta, ligeramente inclinada hacia delante.
- No interrumpas.

Seis pasos para mantener la calma

Cuando sabes que debes afrontar una situación difícil, antes de dar ningún paso:

- **Sé cerebral.** Controla tus pensamientos y emociones y redacta una nota o un correo electrónico diciendo lo que piensas. No lo envíes.
- **Pide una opinión.** Consulta a un tercero imparcial sobre la situación y pídele su opinión sincera.
- **Hazlo físicamente.** Sal del lugar. Da un paseo o realiza alguna actividad física.
- **Reflexiona.** Mira la situación desde el punto de vista de la otra persona y piensa en cómo podrías haber contribuido.
- **Consúltalo con la almohada.** Por la mañana, revisa tus notas o tu correo electrónico y decide si la situación merece la pena o es algo que debes dejar pasar.
- **Elige tus batallas.** O lo dejas pasar o te enfrentas a la situación. Habla en voz baja, utiliza un lenguaje corporal cálido e intercala un poco de alivio cómico si procede.

Suma y sigue

Recuerda que lo más probable es que tengas que seguir interactuando con cualquier persona con la que no estés de acuerdo, así que adopta un enfoque a largo plazo para ganarte su respeto y confianza, aunque se muestre negativa y poco colaboradora, actúe de forma inadecuada y te caiga mal. Nunca debes ceder a tu ira; nunca debes perder la calma.

Mantén tu imagen bajo cualquier circunstancia:

- Sé honesto. Di siempre la verdad.
- Asume tu responsabilidad. Aunque el problema no tenga que ver contigo personalmente, no lo evites. Demuestra que vas a realizar un seguimiento, tomar medidas y dar una respuesta.
- Acude preparado. Aunque no siempre sepas qué preguntas o comentarios van a surgir, puedes preparar lo que quieres aprovechar la oportunidad para decir.
- Toma la iniciativa de hablar de lo que te has preparado. Puedes hacerlo añadiendo al final de una respuesta: «Y, por cierto, permíteme decir que...».
- Piensa y actúa siempre en positivo. Cuando te critiquen o cuestionen, identifica primero lo positivo de la pregunta. Empieza tu respuesta con lo positivo y luego aborda la crítica.
- Llama la atención sobre los errores de la gente de forma indirecta.
- Utiliza el método socrático de hacer preguntas.
- Dale a la otra persona la oportunidad de «salvar las apariencias».
- Utiliza el estímulo. Haz que la falta sea fácil de corregir.
- Haz que la otra persona se alegre de hacer lo que le sugieres.

8

Cómo discrepar sin ser desagradable

En el trato con los demás es probable que surjan ciertos desacuerdos. Expresar desacuerdo no tiene por qué ser antagónico. El tacto, la tolerancia y la comprensión te permitirán discrepar sin ser desagradable.

Julie es una de esas personas que se esfuerza por caer bien. En lugar de expresar sus desacuerdos, consiente en la mayoría de las cosas, lo que a menudo se traduce en resoluciones poco satisfactorias de los problemas a los que se enfrenta en su trabajo y en su vida.

A Sean le encanta discrepar. Si encuentra desagradable el más mínimo aspecto de una situación, expresa su opinión a gritos y dogmáticamente. Esto puede hacer que Sean se sienta importante, pero antagoniza a todos los demás.

Sí, es importante expresar desacuerdo. Si todo el mundo estuviera de acuerdo todo el tiempo, avanzaríamos poco y quizá ni siquiera sobreviviríamos en este mundo competitivo. El reto es expresar la discrepancia sin rencor ni malestar.

Aclara la cuestión

A menudo, lo que parece un desacuerdo es una ruptura de la comunicación. Antes de expresar que estás en desacuerdo, asegúrate de que realmente lo estés. Tal vez no hayas entendido bien los argumentos presentados o hayas interpretado el mensaje de forma diferente. Haz preguntas sobre lo que se ha expuesto. Asegúrate de que entiendes lo que se ha dicho de la misma manera que la persona que lo ha dicho.

En muchos casos puedes estar de acuerdo con muchos o incluso con la mayoría de los puntos que se han planteado, pero discrepar en otros. Separa las áreas de acuerdo y desacuerdo para poder dirigir tus argumentos a las áreas de desacuerdo y no a toda la situación.

Sé educado

Tu objetivo en cualquier desacuerdo es llamar la atención de la otra parte sobre otra perspectiva, enfoque o solución. Para lograrlo, tienes que convencer a la otra persona de que piense como tú. Esto nunca se consigue siendo desagradable o grosero. Las opiniones de Sean eran a menudo innovadoras y brillantes, pero las expresaba con sarcasmo o «humor» hostil, lo que provocaba que la gente se resistiera a sus ideas.

Don era de «dar golpes sobre la mesa». Era tan arrogante con sus ideas que, incluso cuando eran razonables, su comportamiento estridente, su voz alzada y sus payasadas histriónicas molestaban a sus colegas. Ese comportamiento no solo incomodaba a todos los miembros del grupo, sino que a menudo provocaba largas e infructuosas discusiones. Si Sean y Don hubieran sido educados y diplomáticos, sus excelentes ideas habrían sido fácilmente aceptadas.

Permite que la otra persona «salve las apariencias»

Cuando Gloria escuchó a Edith exponer su plan de marketing, observó un error importante en uno de los conceptos sobre los que se estructuraba el plan. Cuando Edith terminó su exposición, Gloria señaló alegremente el error al grupo. ¿Cómo crees que se sentía Edith? Se sintió avergonzada y molesta con Gloria. Esto no fortalecerá la relación entre ellas dos, que es esencial para construir el trabajo en equipo que se necesita en el departamento. Por supuesto, hay que señalar el error y corregirlo. Sin embargo, habría sido mucho más eficaz si Gloria hubiera permitido a Edith salvar las apariencias. Si fuera posible, debería haber llamado la atención de Edith.en privado.

Haz preguntas

Gary es un joven sensible. Es una de esas personas que no aceptan fácilmente las críticas y se pone a la defensiva cuando una de sus ideas es rechazada o ignorada. Acaba de dedicar varios días a desarrollar un nuevo programa y te lo ha presentado a ti, su jefe, para que no solo lo apruebes, sino que lo felicites.

Te das cuenta de que en líneas generales está bien, pero tiene varias áreas que necesitan mejoras significativas. ¿Cómo puedes transmitírselo a Gary sin que estalle, se resienta y se enfade durante días?

En lugar de señalar los puntos problemáticos, elogia primero todos los aspectos positivos de su programa. A continuación, formula preguntas concretas sobre el primer punto problemático. Solo hay tres formas de que responda a tus preguntas:

- **Acepta revisar su idea inicial.** «No había pensado en eso. Será mejor que lo revise y proponga un enfoque mejor». De este modo, animas a Gary a hacer lo necesario para que el programa sea más viable.

- **Intenta trasladarte el problema a ti.** «No había pensado en eso. ¿Qué debo hacer?» Este tipo de respuesta indica que está de acuerdo en que su concepto no era correcto, pero en lugar de intentar resolverlo, te carga el muerto a ti. Es tentador decirle lo que tiene que hacer, y si se trata de una crisis, puede que tengas que hacerlo para terminar el trabajo a tiempo. Sin embargo, lo mejor es animar a la gente a resolver sus propios problemas. Tu respuesta debe ser: «¿Por qué no lo piensas un poco más y hablamos de ello esta misma semana?»
- **Refuta eficazmente tu objeción.** Responde a tu pregunta y te das cuenta de que tenía razón y tu objeción no era válida. En este caso, dale las gracias por la aclaración y pasa a la siguiente pregunta.

Al cuestionar en lugar de criticar, podemos obtener lo mejor de nuestros empleados sin resentimientos. El empleado rechaza sus propias malas ideas y se le anima a aportar otras mejores. Así se perfeccionan las habilidades creativas de tus trabajadores y se obtienen más ideas innovadoras que aumentan la eficacia del departamento.

Sócrates nunca decía a uno de sus alumnos que estaba equivocado. Si un alumno respondía incorrectamente a una pregunta, Sócrates le hacía otra pregunta y seguía interrogando al alumno hasta que, trabajando con estas preguntas, llegaba a la respuesta correcta. A esto se le sigue llamando enfoque socrático. Esto es lo que debes hacer cuando no estás de acuerdo. En lugar de decir «te equivocas», haz una pregunta sobre lo que te ha dicho. Tus preguntas obligarán a la otra parte a replantearse sus ideas y a ver tu punto de vista sin que tengas que hacer un solo comentario negativo.

Céntrate en el problema, no en la persona

Nunca dejes que una discusión degenere en un conflicto personal. En lugar de decir «Tus ideas son confusas» o «No lo has pensado bien», especifica las ideas con las que no estás de acuerdo y habla de ellas, no del proceso de pensamiento de tu oponente.

Recuerda que es posible que tú y la otra persona tengáis que trabajar juntos durante mucho tiempo y que cualquier comentario negativo que hagas sobre ella empañará vuestros futuros tratos.

Meredith trasladó este concepto a su vida personal. Ella y su marido, George, discutían constantemente. Se dio cuenta de que a menudo recurría a acusaciones personales en lugar de hablar del problema. Decía cosas como: «Si no fueras tan terco, esto no habría pasado». Por supuesto, él respondía de la misma manera. Meredith decidió centrarse en el problema, no en George. Cuando tuvieron el siguiente desacuerdo, superó su impulso de culpar a la «terquedad» de George y habló del problema concreto. Esto no solo ayudó a resolver el problema más rápidamente, sino que también condujo a una relación mucho más feliz.

##Cíñete al tema en cuestión

Rita estaba muy disgustada. El informe que Tom acababa de presentar distaba mucho de ser adecuado. Había omitido algunas áreas importantes de preocupación y había cubierto otras solo superficialmente.

También le preocupaban las largas horas de comida y los descansos de Tom. Debía tener una conversación sincera con él sobre todas estas cuestiones. Pero se dio cuenta de que hablar de todo ello en ese momento solo serviría para enemistarse con Tom y no para resolver el problema en cuestión, que era conseguir que Tom rehiciera el trabajo de forma satisfactoria. Rita optó por hablar con Tom solo de los problemas concretos de su informe y tratar las demás cuestiones por separado.

Sé positivo

Lauren era muy quisquillosa. Era capaz de encontrar algo malo en cualquier idea que se le presentara, y a menudo tenía razón. Cuando Lauren abría la boca en una reunión, los demás se quejaban. Seguro que tenía algo negativo que decir.

Harry también tenía un agudo sentido para detectar las áreas problemáticas, pero cuando las señalaba a los demás, a menudo sugería una solución alternativa. Si no tenía ninguna idea que ofrecer, se ofrecía voluntario para trabajar con la persona que presentaba la situación para ayudar a encontrar la respuesta. Como resultado, se le consideraba una persona positiva cuyas opiniones se buscaban, aunque no estuvieran en consonancia con las de los demás.

Si eres educado, sincero, servicial y positivo, podrás expresar tus desacuerdos de forma que sean aceptados por los demás, ayudarás a desarrollar soluciones más eficaces y establecerás relaciones efectivas a largo plazo con la gente en tu trabajo y en otros aspectos de tu vida.

Ten en cuenta las opiniones de los demás. Deja que mantengan su sentimiento de importancia.

DALE CARNEGIE

Rechazar consejos sin provocar resentimiento

El desacuerdo puede causar resentimiento si no se trata adecuadamente, pero rechazar un consejo después de haberlo solicitado puede provocar aún más resentimiento.

Cuando Art W. fue ascendido a supervisor de su departamento, no tardó en darse cuenta de que una de sus personas clave, Jeff J., estaba amargado por la situación. Había pensado que sería él quien ascendería. Art sabía que, si quería tener éxito en su nuevo trabajo, tendría que ganarse a Jeff. Un Jeff descontento paralizaría el departamento. Una forma de superar el resentimiento, pensó Art, era hacerle saber a Jeff que era importante para el departamento, y qué mejor manera de demostrarlo que pidiéndole consejo.

Pocas semanas después de asumir sus nuevas responsabilidades, Art se enfrentó a su primera gran crisis. Tenía algunas ideas sobre cómo resolver el problema, pero pensó que sería un buen momento para conseguir el apoyo de Jeff. Le expuso el problema y le preguntó si tenía alguna idea para resolverlo. Jeff se lo pensó un momento y propuso su propia solución. Art se dio cuenta en seguida de que no funcionaría. Pero también sabía que, si rechazaba la sugerencia, aumentaría el resentimiento de Jeff.

Margo M. reunió a su personal para discutir un problema al que se enfrentaban en el trabajo.

Tras meditarlo durante algún tiempo, Darlene propuso una solución. La respuesta inmediata de Margo: «Ya lo intentamos antes y no funcionó». Es cierto que ya lo intentaron y no funcionó, pero Darlene puede interpretarlo como «No quieren mis ideas». No solo está resentida, sino que también puede sentir que no tiene sentido presentar ideas si van a ser rechazadas.

En ambos casos, los supervisores tenían toda la razón al no aceptar las sugerencias formuladas, pero en cada caso el rechazo podía provocar resentimiento e, igualmente importante, el ahogo de futuras ideas.

Obviamente, no se deben aceptar los malos consejos, y no todas las ideas son necesariamente buenas. Es mucho más probable que se nos ocurra una mala idea antes de pensar en un problema con la suficiente claridad como para desarrollar una buena. A Thomas Edison se le ocurrieron mil ideas malas sobre cómo hacer funcionar la bombilla antes de dar con una solución satisfactoria. Sin embargo, debemos aprender a rechazar las sugerencias inviables de manera que no causen resentimiento y no ahoguen la creatividad.

Nunca rechaces la sugerencia de una persona delante de los demás. Les hace quedar mal y avergonzarse ante sus compañeros. Agradéceles la sugerencia y diles que te pondrás en contacto con ellos. Hazlo en privado. En el caso Margo-Darlene, Margo puede llamar a Darlene a su despacho ese mismo día o tan pronto como sea posible y repasar la sugerencia. Después de que Darlene repita su sugerencia, Margo debería decir: «Darlene, intentamos algo así hace dos años y tuvimos algunos problemas con ello».

Nótese la diferencia en la elección de las palabras. Su primer comentario: «No funcionó». Eso es definitivo. No hay manera de salvar la situación. El segundo enfoque: «Tuvimos algunos problemas con ello». mantiene la puerta abierta. La única respuesta posible que Darlene puede hacer a ese comentario es: «¿Cuáles fueron los problemas?». Una vez que Darlene sepa cuál fue la causa del fracaso anterior, puede responder: «No había pensado en eso. Supongo que debería pensarlo un poco más». En lugar de reprimir ideas futuras, la hemos animado a seguir pensando. Tal vez sorprenda a Margo diciendo: «He pensado en esos problemas y tengo soluciones». Al fin y al cabo, puede que el jefe no tenga todas las respuestas.

Cómo llevarte bien con tu jefe

Una de las personas más importantes en tu carrera es tu jefe. A algunos jefes les gustan los aduladores, las personas que siempre están de acuerdo con ellos. Esos hombres y mujeres son cortos de miras y probablemente no tendrán éxito. Los buenos jefes quieren buenos colaboradores, que pueden discrepar de vez en cuando. Pero la forma de afrontar esa situación marca la diferencia entre hacer que el jefe cambie de opinión sobre ese asunto o, tal vez, perder el empleo.

Nadie, pero nadie, es más importante para tu satisfacción y felicidad laboral, tu progreso y desarrollo en el trabajo que tu jefe. Algunas personas tienen la suerte de que les asignen un jefe que es un buen líder, maestro y mentor, mientras que otras pueden trabajar para un jefe que no es tan comprensivo. Independientemente de lo que te depare el destino en cuanto a tu supervisor, puedes sacarle el máximo partido estudiando los objetivos, el estilo y los hábitos de trabajo de tu jefe y adaptando tus actividades para estar en consonancia.

Linda aprendió muy pronto en el departamento de Compras que la directora de compras, Carol, era una persona meticulosa en su trabajo y esperaba que sus empleados hicieran lo mismo. Observó que Carol siempre estaba en su mesa diez minutos antes de la hora de empezar, que organizaba su trabajo cuidadosamente: un sitio para cada cosa y cada cosa en su sitio. El anterior jefe de Linda había sido mucho más despreocupado, y los hábitos de trabajo de Linda cuando trabajaba para él lo reflejaban.

Decidió cambiar rápidamente sus métodos de trabajo. Llegó un poco antes que su jefa, organizó el trabajo en su mesa e incluso se vistió de forma más conservadora. Esto sentó inmediatamente las bases para una relación fructífera con Carol y condujo a un empleo largo y feliz y a un rápido ascenso.

Cuando no estás de acuerdo con tu jefe

Esto no significa que uno deba convertirse en una «persona que siempre dice sí» y doblegarse a los caprichos del jefe.

Habrá ocasiones en las que uno tenga un desacuerdo sincero con el jefe. Un supervisor que no anime a la gente a expresar su desacuerdo caerá en la rutina. Sin embargo, la mayoría de las personas están psicológicamente mal dispuestas a recibir críticas. Cuando la persona con la que no estás de acuerdo es tu jefe, la forma de expresar tus opiniones puede ser decisiva para vuestra relación. He aquí algunas sugerencias sobre cómo expresar el desacuerdo:

Sé honesto respecto a la situación

Señala con tacto las razones por las que crees que no puedes seguir su idea. Cuando el jefe de Steve propuso un plan de marketing para el último producto de la empresa, estaba tan entusiasmado con sus posibilidades que la mayoría de sus empleados se contagiaron de su entusiasmo y lo aceptaron sin críticas. Steve vio algunos defectos en él, pero se resistió a discrepar y apagar el entusiasmo del grupo.

Sin embargo, pensó que si no planteaba sus reparos y el plan fracasaba, él sería el culpable.

En lugar de enfrentarse a su jefe en la reunión en la que se dio a conocer el plan, Steve esperó hasta el día siguiente. Cuando tuvo la oportunidad de ver al jefe en privado, inició la conversación expresando su acuerdo con las partes clave del plan y reiteró su apoyo a su jefe.

«Sin embargo», continuó Steve, «he reflexionado sobre las ramificaciones de este plan y tengo algunas preguntas». Entonces expuso sus objeciones, no en forma de afirmaciones dogmáticas: «No creo que funcione», sino como preguntas: «¿Has pensado qué podría pasar si se desarrollara tal o cual cosa?».

De este modo hizo saber al jefe sus preocupaciones, sin que se sintiera resentido porque Steve no estuviera de acuerdo. Es importante ser sincero sobre una situación; de lo contrario, a la larga, puede ser perjudicial para ti y para tu jefe.

Cuando no estés de acuerdo, presenta un plan de acción positivo

Antes de concertar la cita para ver a tu jefe y expresarle su preocupación por el plan de marketing, Steve se lo pensó seriamente y elaboró algunas medidas alternativas que podrían resolver con éxito sus inquietudes. Cuando el supervisor reconoció que existían problemas, Steve estuvo dispuesto a ofrecer sus sugerencias. De este modo, en lugar de ver el desacuerdo como algo negativo, lo vio como un planteamiento positivo.

Si te equivocas, reconócelo

Supongamos, sin embargo, que las reservas que tenía Steve eran erróneas. El plan del jefe no tenía los defectos que Steve había percibido. Cuando Steve planteó las preguntas que creía que descubrirían los defectos, la respuesta del supervisor demostró que siempre había tenido razón. Para mantener una buena relación, Steve siguió el consejo de Dale Carnegie: «Si te equivocas, admítelo rápida y rotundamente».

El supervisor apreciará el hecho de que hayas considerado seriamente el plan y que hayas tenido reservas e incluso acciones alternativas y hayas tenido el valor de compartirlas. El supervisor también apreciará el hecho de que hayas admitido rápidamente tu error, porque demasiadas personas se aferran obstinadamente a sus ideas erróneas mucho después de que se haya demostrado que son incorrectas.

No hagas un problema de los desacuerdos menores

Pablo era muy detallista. Era una de esas personas que buscan defectos en cualquier situación y se regodeaba cada vez que «pillaba» uno. Cada vez que encontraba un defecto insignificante en algo que le presentaba su jefe, se apresuraba a señalárselo. No tardó en perder el respeto de todos en el departamento, así como de su supervisor. Guarda tus desacuerdos para asuntos que realmente te preocupen, y, en ese caso, plantea tus inquietudes en privado.

Anticípate a las necesidades de tu supervisor

Habrá menos motivos de desacuerdo si conoces la forma de pensar de tu jefe. A Lillian la contrataron nada más salir de la universidad como auxiliar administrativa de Carey, un prometedor directivo. En poco tiempo, se convirtió en un activo indispensable para su jefe. Muchos años después, cuando Carey fue elegido nuevo presidente de la empresa, Lillian, que le había seguido en una serie de puestos de progresiva responsabilidad, fue ascendida a vicepresidenta ejecutiva.

Cuando en una entrevista con la prensa económica le pidieron que hablara de su éxito, dijo: «Con los años aprendí a anticiparme a las necesidades de mi jefe. Sabía lo que Carey iba a hacer antes de que él lo hiciera. Esto me permitió investigar, obtener datos y analizarlos para que los resultados de ese análisis estuvieran listos en el momento en que él más los necesitara. Me mantuve en contacto con todas las áreas clave en las que él y la empresa estaban interesados. Esto me ayudó a incorporarme a su puesto cuando fue ascendido, y, en la medida en que seguía trabajando para él, he continuado esta práctica hasta el presente. También he formado a mi gente para que piense de la misma manera, de modo que yo pudiera realizar mi trabajo con la misma eficacia con la que ayudaba a mi jefe a hacer el suyo». Cuando te asignen un nuevo jefe, tómate la molestia de intentar comprender lo que esa persona quiere realmente de sus subordinados. ¿Cómo puedes hacerlo? Preguntando. La mayoría de los jefes te lo dirán. Observa. Identifica qué es lo que es necesario y hazlo. Piensa. Analizando las acciones y reacciones del jefe, normalmente puedes identificar las formas en que puedes ser más eficaz. A continuación, aplica lo que has aprendido haciendo tu trabajo de la forma que ayude a tu supervisor a realizar el suyo de la forma más eficaz. Esto conducirá a una vida laboral más feliz y productiva para ambos.

Las seis reglas para discrepar de forma agradable

Siga estas seis reglas para estar en desacuerdo sin irritar a nadie y de forma que impulse la creatividad y la productividad:

- **Regla n.º 1: Concede a los demás el beneficio de la duda.** Puede que la persona que ha hecho esa generalización escandalosa no sea realmente insensible. Tal vez haya tenido una experiencia dolorosa que le haya hecho reaccionar de forma exagerada.
- **Regla n.º 2: Escucha para aprender y comprender por qué esa persona tiene esa creencia.** Debes hacerle saber que le has escuchado y que realmente intentas ver las cosas desde esa perspectiva.
- **Regla n.º 3: Asume la responsabilidad de tus propios sentimientos.** Comprométete a responder solo con «yo». Cuando empiezas con un «tú», parece como si estuvieras culpando y enfrentándote a la otra persona, lo que la pone inmediatamente a la defensiva y reduce las posibilidades de que se escuche tu punto de vista.
- **Regla n.º 4: Utiliza un amortiguador.** Conecta o «amortigua» tu opinión conflictiva, empezando por «Entiendo lo que dices...» o «Aprecio tu punto de vista sobre...». De nuevo, empieza con la palabra «yo» y no con «tú has dicho...», o sonará a confrontación.
- **Regla n.º 5: Elimina las palabras «pero» y «sin embargo» de tu vocabulario.** Una vez que hayas amortiguado la

opinión de la otra persona, utiliza «y» o haz una pausa y no digas nada, tras el amortiguador. Reconocer el punto de vista de la persona y luego seguir con «pero» o «sin embargo» niega el reconocimiento.

- **Regla n.º 6: Expón tu punto de vista u opinión con pruebas pertinentes y objetivas.** Mantén tus emociones fuera de la ecuación haciendo lo siguiente:

  1. Tómate tu tiempo para reflexionar haciéndote las siguientes preguntas:

     ¿Qué pienso? (O dite a ti mismo: «Lo veo de otra manera porque...»). ¿Por qué lo pienso? ¿Qué pruebas tengo?

  2. Entonces, habla.

¿Por qué, me pregunto, no utilizamos el mismo sentido común cuando intentamos cambiar a las personas que cuando intentamos cambiar a los perros? ¿Por qué no usamos carne en lugar de látigo? ¿Por qué no utilizamos el elogio en lugar de la condena? Elogiemos hasta la más mínima mejora. Eso inspira a la otra persona a seguir mejorando.

DALE CARNEGIE

Cómo lidiar con la disciplina

Un área en la que los supervisores se enfrentan a desacuerdos con los asociados es el incumplimiento de órdenes o normas por parte de éstos. Cuando escuchas la palabra «disciplina», ¿cuál es el primer sinónimo que le viene a la cabeza? La mayoría de la gente dice «castigo». Siempre hemos considerado la disciplina como un medio de castigar a los empleados por infringir las normas de la empresa o no cumplir los estándares de producción.

Ahora, lee esa palabra otra vez. ¿Ves otra palabra escrita en esa palabra? Al eliminar la «ina» al final de la palabra, leemos «discípulo». Un discípulo es un seguidor, una persona que está ansiosa por aprender de su mentor. Las palabras «disciplina» y «discípulo» provienen de la misma raíz latina, que significa «aprender». Si considerásemos nuestras actividades disciplinarias como actividades de aprendizaje en lugar de como actividades de castigo, sacaríamos mucho más provecho de la disciplina.

El primer paso en la mayoría de los procedimientos disciplinarios es una advertencia oral o verbal, que suele adoptar la forma de una reprimenda. El propósito de una reprimenda es llamar la atención del empleado sobre el hecho de que está actuando o desempeñando su trabajo de una manera que no se ajusta a lo deseado.

Crea entendimiento

Harry tiene un historial de retrasos. Aparte de su incapacidad para llegar a tiempo al trabajo, Harry es un buen trabajador y tiene talentos que podrían ser de gran valor para la empresa y conducir a su propio crecimiento profesional. Su jefa, Stephanie, ha hablado con él sobre su impuntualidad y, aunque le ha prometido llegar a tiempo, sigue llegando tarde. La política de la empresa exige una reprimenda al tercer retraso, y Harry ha llegado tarde hoy por tercera vez.

La reprimenda debe darse lo antes posible tras cometerse la infracción. Debe hacerse en privado. Nunca reprendas a una persona en presencia de otros. Esto causa vergüenza y amargura, no solo por parte de la persona que recibe la reprimenda, sino también entre los que la presencian.

Stephanie pide a Harry que entre en una sala de conferencias. No debería empezar la reprimenda con una acusación, como «¿Por qué siempre llegas tarde?». Debería hacer que Harry se sienta a gusto empezando con información positiva: «Harry, el informe que presentaste la semana pasada fue muy útil. Pude utilizar esa información en mi reunión del viernes con el comité ejecutivo. Eres un miembro valioso de nuestro equipo».

Como Harry sabe que no le han llamado para hablar de ese informe, Stephanie debe ir rápidamente al grano. Stephanie continúa: «Esto es un equipo, Harry, y no podemos funcionar eficazmente a menos que todos los miembros del equipo estén aquí a tiempo».

Entonces, llega la pregunta... «¿Qué puedes hacer para llegar a tiempo a partir de ahora?». Ten en cuenta que Stephanie no está preguntando por qué llegó tarde. Esa pregunta abre la puerta a todo tipo de excusas. Si te centras en las soluciones y no en las causas, obtendrás respuestas más positivas.

Conoce la versión del empleado

A veces, las circunstancias atenuantes pueden explicar el comportamiento de una persona y ayudarte a entender los retos a los que se enfrenta. Si Harry tiene algo que decir, escúchale. Deja que cuente toda su historia sin interrupciones y escucha activamente. Hazle preguntas sobre lo que ha dicho. Deben ser preguntas que ayuden a obtener la historia completa, no preguntas sarcásticas que impliquen incredulidad. En situaciones en las que la reprimenda se precipita por problemas más complejos que la impuntualidad, obtener el punto de vista del empleado puede sacar a la luz hechos que desconocías y que podrían afectar a tu interpretación de la situación.

¡Nunca discutas! Nunca pierdas los nervios. Es esencial que el supervisor sea lógico y no emocional en una reprimenda. Céntrate siempre en el problema, no en la persona. Nunca digas: «Harry, eres un irresponsable». Di más bien: «Harry, el retraso de cualquier miembro del equipo ralentiza el trabajo de todo nuestro equipo».

No interrumpas

Muchas personas tienden a anticipar lo que la otra persona podría decir, por lo que no le dan la oportunidad de completar la reflexión. Sacan conclusiones precipitadas y, al hacerlo, pueden malinterpretar el problema. Si sientes la tentación de interrumpir, muérdete la lengua y espera. A menudo uno se entera de que las cosas no son lo que suponíamos.

La única manera de sacar lo mejor de una discusión es evitarla.

DALE CARNEGIE

Da al empleado la oportunidad de resolver el problema

La pregunta de Stephanie a Harry fue: «¿Qué puedes hacer para llegar a tiempo a partir de ahora?». Animar a Harry a proponer una solución a su propio problema no solo reafirma la fe del supervisor en el empleado, sino que también le anima a pensar en el problema y resolverlo por sí mismo. Es más probable que las personas sigan las soluciones que sugieren ellos mismos con más compromiso y entusiasmo que las que se les imponen.

Hay ocasiones, sobre todo cuando el problema está relacionado con el rendimiento laboral, en las que el supervisor debe ser específico a la hora de llamar la atención sobre las deficiencias del empleado. En tales casos, plantea las sugerencias de mejora en términos positivos. No digas: «Tu trabajo es descuidado». Es mucho mejor mostrar ejemplos concretos de trabajo que no ha cumplido los mínimos exigidos y, a continuación, preguntar qué se puede hacer para superar las deficiencias. Reitera tu confianza en el empleado y ofrécele toda la asistencia que puedas para ayudarle.

Recuerda que esta reprimenda es el primer paso de la disciplina y que tu objetivo es ayudar al empleado a aprender a ser mejor trabajador.

Termina con una nota positiva

Cuando Stephanie le pregunta a Harry qué puede hacer para llegar a tiempo, él acepta poner el despertador a las 6:15 en lugar de a las 6:30 a partir de ahora para poder evitar los ocasionales retrasos de tráfico que han provocado su impuntualidad.

Stephanie está de acuerdo en que esto debería ayudar a aliviar el problema. «Harry, confío en que cumplirás este compromiso y a partir de ahora serás puntual. Tu contribución a nuestro equipo es importante, y estoy segura que mi confianza en ti no ha sido en vano». En la mayoría de las empresas, la reprimenda se documenta para que quede constancia permanente de que se ha realizado. La forma de hacerlo varía de una empresa a otra.

Las reprimendas están diseñadas para alertar al empleado de situaciones antes de que se conviertan en problemas mayores. Una vez hecho esto, hay que dar al empleado todas las oportunidades para que tenga éxito. No es aconsejable insistir en una situación que ya se ha corregido. Insistir solo provoca resentimiento y no suele resolver el rendimiento insatisfactorio.

Y lo que es más importante, apoya a tu colaborador y ayúdale a superar el motivo de la reprimenda. De este modo, desarrollarás personas cooperativas y productivas que serán activos valiosos para tu departamento.

Da un *feedback* constructivo

Dale Carnegie ofrece un resumen de nueve puntos sobre cómo criticar a los demás sin causar resentimiento:

- Conoce todos los hechos.
- Aborda la situación con prontitud y en privado.
- Céntrate en el acto o el comportamiento, no en la persona.
- Empieza con un elogio sincero.
- Primero empatiza, luego critica. Revela errores similares que hayas cometido y explica qué hiciste para corregirlos.
- Revisa tus intenciones.
- Utiliza tus habilidades de relaciones humanas. No des órdenes, ofrece sugerencias.
- Muestra el beneficio de cambiar el comportamiento.
- Termina con una nota amistosa y ponte de acuerdo sobre cómo seguir adelante.

Qué hacer cuando te critican

A nadie le gustan las críticas. Cuántas veces hemos escuchado: «Te lo digo por tu bien» o «No está mal, pero...» o mucho más contundente: «¡La has cagado!». Desde que somos pequeños, padres, familiares, profesores, jefes e incluso desconocidos nos han criticado. Nadie es perfecto, y la crítica es una forma de aprender a corregir errores, cambiar comportamientos y mejorar lo que hacemos. Es un hecho esencial de la vida y, si se hace correctamente, puede ser importante para nuestro crecimiento y madurez. Sin embargo, la crítica es a menudo cruel y devastadora.

Por supuesto, hay que llamar la atención sobre nuestros errores para que podamos corregirlos, pero si se hace de forma cruel e insensible, puede hacernos sentir estúpidos e inadecuados y destruir nuestra moral.

Dale Carnegie advertía a la gente que no debía «criticar, condenar o quejarse». Escribió: «En lugar de condenar a la gente, intentemos comprenderla». Por desgracia, muchas personas no intentan comprendernos. Cuando no les gusta lo que hacemos, nos critican. No podemos cambiar su personalidad, pero podemos afrontar estas críticas de forma constructiva.

«No es culpa mía», sollozó Lois. «Yo no lo hice». Negarlo o culpar a otros es una reacción común. A veces no es tu culpa, pero a menudo la negación viene automáticamente. «Tú eres la que está equivocada. Lo hago como me enseñaron». Echar la culpa a quien critica no resolverá el problema.

Es una reacción humana normal intentar echar la responsabilidad de los errores a los demás.

Los niños pequeños acusados de travesuras evitan el castigo señalando con el dedo a otro niño. Lo trasladamos a la vida adulta y a veces nos salimos con la nuestra.

Como adultos, somos responsables de nuestros errores y debemos considerar la crítica como una forma de aprender.

Hacemos cosas mal y, como personas maduras, debemos aceptar la corrección. Pero, como esta crítica suele hacerse sin tacto, el resentimiento domina nuestro pensamiento.

En lugar de pensar en el motivo de la crítica, una reacción habitual es centrarse en el que critica, a menudo el jefe. Estos pensamientos pueden pasar por tu cabeza «La odio», «Odio esta empresa», «No es justo», «Me vengaré», «Vale, lo haré a su manera, pero no me voy a esmerar», «Espera a que quieran algo de mí».

Por qué critican los jefes

Estos pensamientos negativos no solucionan nada y solo sirven para hacernos más desgraciados. Dale Carnegie advertía al criticón que intentara comprender a las personas criticadas. Funciona en ambos sentidos. Debemos intentar comprender a las personas que nos critican.

Cuando le preguntaron a Jack por qué siempre estaba insistiendo a su gente, respondió: «Ese es el trabajo del jefe». Siempre había trabajado para jefes que criticaban, condenaban y se quejaban, y supuso que esa era la forma adecuada de supervisar a los demás. Elsa era perfeccionista y no toleraba a los que no cumplían sus elevadas exigencias. Perdía la paciencia con las personas que no aprendían con rapidez y precisión y solía expresar su descontento en voz alta y con sarcasmo. Si tu jefe es como Jack o Elsa, debes aprender a lidiar con su estilo de crítica sin dejar que te derrumbe.

Cualquier tonto puede criticar, condenar y quejarse, pero se necesita carácter y autocontrol para ser comprensivo y perdonar.

DALE CARNEGIE

Cómo afrontar las críticas

Acepta las críticas como parte del trabajo. La crítica forma parte del proceso de aprendizaje. No podemos aprender a menos que se nos señalen nuestros errores; sin embargo, esto debe hacerse de forma constructiva y con tacto, que no es la forma en que muchos jefes plantean sus críticas. No podemos controlar la forma en que nuestros jefes nos critican, pero sí podemos controlar cómo nos lo tomamos. Depende de cada uno de nosotros considerar las críticas como un aprendizaje, no como una experiencia degradante. He aquí algunas formas constructivas de afrontar las críticas:

- **No te lo tomes como algo personal.** Recuerda que lo que se critica no eres tú, sino lo que has hecho. La mayoría de los jefes no quieren degradarte, sino ayudarte a corregir una situación. Por desgracia, su falta de tacto puede no reflejarlo. No eres estúpido ni inepto. Es el trabajo lo que se critica, no el ser humano que lo ha hecho. Mantén tus emociones al margen.

- **Encuentra lo bueno en ello.** Las personas verdaderamente maduras a veces pueden aprender incluso de la crítica más malintencionada. Si esta crítica te hizo consciente de debilidades, defectos o errores no percibidos, a pesar de tu dolor inicial, podrías aprender de ella.
- **Céntrate en la lección, olvida el método.** Seguro que el enfoque era erróneo, pero el objetivo a largo plazo os beneficia a ambos.
- **Recuerda que el jefe quiere que tengas éxito.** A un supervisor se le mide por el éxito de su departamento. Si tú no tienes éxito, se reflejará en el supervisor.

Cuando la crítica es injustificada

Brian estaba muy enfadado. Su jefe acababa de echarle la bronca delante de todo el departamento por tomar una mala decisión sobre un proyecto del que era responsable. No solo hizo que Brian pareciera estúpido ante sus compañeros, sino que además la decisión se basaba en lo que él consideraba buen juicio. Brian salió de la sala enfadado y dispuesto a dimitir. «¿Cómo voy a trabajar para una persona que no solo me critica injustamente, sino que me avergüenza delante de mis compañeros?», pensó.

Después de calmarse, reconsideró su reacción. Estaba claro que el jefe se equivocaba, pero renunciar le perjudicaría mucho más a él que al jefe. Brian seguía creyendo que su decisión era correcta, pero el jefe tenía derecho a opinar y él era el responsable principal del proyecto.

Al aceptar las críticas y no permitir que se convirtieran en un resentimiento a largo plazo hacia el jefe, Brian pudo replantearse el proyecto, discutir racionalmente con el jefe las razones de su decisión y llegar a una solución mutuamente aceptable que era mejor que sus ideas originales o las de su supervisor.

Y lo que es más importante, Brian se dio cuenta de la importancia de no dejar que las críticas —por muy mal que se presentaran— afectaran a su relación con su jefe. Dale Carnegie recomienda que, cuando recibas una crítica, respondas de la siguiente manera:

- Mantén la calma y escucha a la persona.
- Confirma que comprendes la situación.
- Muéstrate abierto a la superación y al cambio.
- Confía en que la persona que te da su opinión tiene buenas intenciones.
- No reacciones a la defensiva.
- No pongas excusas; limítate a aportar hechos.
- Agradece a la gente sus comentarios, ya sean positivos o negativos.
- Acuerda la forma de avanzar.

Suma y sigue

Sigue los principios de Dale Carnegie sobre cómo discrepar con los demás sin ser desagradable, y conseguirás que tus relaciones sean más amistosas y productivas:

- La única manera de sacar lo mejor de una discusión es evitarla.
- Muestra respeto por la opinión de la otra persona. Nunca digas: «Te equivocas».
- Intenta honestamente ver las cosas desde el punto de vista de la otra persona.
- Haz preguntas hasta que entiendas completamente una situación antes de opinar sobre ella.

- Mantente abierto a las ideas y deseos de la otra persona.
- Sé educado.
- Concede a la otra persona el beneficio de la duda.
- Céntrate en el problema, no en la persona.
- Sé positivo. Plantea sugerencias y no solo críticas.
- Admite cuando te equivocas.
- Elige tus batallas con cuidado. No seas mezquino.
- Apoya tus opiniones con pruebas.
- Dale a la persona a la que criticas la oportunidad de resolver el problema.
- Cuando recibas críticas, trátalas como una valiosa oportunidad de aprendizaje.

9

La clave para dar y recibir un mejor servicio

Entre las muchas quejas que escuchan hoy los directivos de las empresas, el mal servicio encabeza la lista. Los clientes afirman que los vendedores les ignoran, les dan información insuficiente sobre los productos y a menudo son groseros cuando les hacen preguntas. No se trata solo de los vendedores, sino también de todas las personas que tratan directamente con los clientes: recepcionistas en oficinas, personal de atención al cliente, personal de reparación y servicio, y otras personas que solo tratan con clientes de forma ocasional. A menudo la culpa es del empleado de la empresa, pero en realidad puede ser del cliente.

Mejorar tu servicio de atención al cliente

El presidente de una cadena nacional de zapaterías recibió esta carta de una clienta:

Estimado señor:

Esta mañana pasé por delante de su tienda de la calle Mayor y vi en el escaparate un par de zapatos que me gustaron. Entré en la tienda y miré a mi alrededor en busca de una dependienta. Dos mujeres jóvenes estaban tomando café y charlando en la parte trasera de la tienda. Me quedé allí varios minutos, pero ninguna vino a saludarme, así que me acerqué a ellas y pedí que me atendieran. Una dejó de mala gana su taza de café y me preguntó secamente qué quería. Le hablé de los zapatos del escaparate. Me preguntó mi talla y, sin decir nada más, se fue al fondo de la tienda. Me quedé allí sentada al menos diez minutos antes de que volviera y me dijera: «No los tenemos de su talla», y luego regresó para seguir charlando con su colega.

Encontré los zapatos que quería en otra tienda, pero me pareció que debería saber cómo tratan sus empleados a los clientes.

Sabes que esa mujer nunca volverá a esa tienda ni se la recomendará a sus amigas.

Las empresas gastan millones de dólares en publicidad para que los clientes compren sus productos, pero el mal trato de un dependiente los ahuyenta.

Si invitaras a unas personas a tu casa, ¿cómo las recibirías? ¿Les harías esperar en la puerta cinco minutos antes de contestar al timbre? ¿Abrirías la puerta y harías algún comentario indiferente? ¿O les darías la bienvenida? Una vez en casa, ¿les ignorarías o atenderías sus necesidades? ¿Te asegurarías de que estuvieran cómodos? ¿Les ofrecerías comida y bebida? Y cuando se fueran, ¿les dejarías marchar sin despedirte?

Los clientes que entran en tu tienda son como los invitados que llegan a tu casa. Les das la bienvenida, les agradeces su visita, atiendes sus necesidades y les aseguras que serán bienvenidos de nuevo.

Atención al cliente por teléfono

Hoy en día, gran parte del contacto que muchas empresas mantienen con sus clientes es por teléfono. Los clientes llaman a los representantes del servicio de atención al cliente para pedir información sobre productos, sobre el estado de los pedidos y sobre problemas con productos o servicios. Muchas empresas tienen sistemas automatizados, por lo que el cliente ni siquiera habla con un ser humano. Se le dirige a través de un menú de opciones. Esto suele contrariar a los clientes que quieren hablar de un problema con una persona. Las empresas inteligentes facilitan al cliente la anulación del sistema automatizado y la conexión con una persona real.

Si tú eres esa persona, haz que el cliente se sienta bienvenido saludándole con una sonrisa en la voz. Determina la naturaleza del problema. Haz preguntas que aclaren la situación y explícale al cliente cómo puedes resolverlo. Si no puedes resolverlo, remite al cliente a alguien que pueda ayudarle o indícale que estudiarás la situación y le responderás en un plazo determinado. Luego, hazlo.

Cómo tratar a los clientes irritados

Todos hemos visto dibujos animados que muestran la «ventanilla de reclamaciones» en la que los clientes presionan a un empleado agobiado para que se ocupe de sus problemas. En la vida real hay muy pocas tiendas o empresas con ventanillas de reclamaciones. Toda persona que trate con clientes debe estar preparada para resolver sus problemas, incluidos los de personas enfadadas. ¿Cuál es la mejor manera de tratar estas situaciones?

No pierdas la calma

Cuando el cliente está enfadado y puede que grite y chille, lo peor que se puede hacer es devolverle el grito. Claro, enfadarse es una reacción normal, pero esto no ayudará a resolver el problema.

Cuenta los «diez segundos» proverbiales, o quizá más, antes de responder. Sentirás la tentación de levantar la voz —una manifestación natural de la ira—, pero intenta mantener tu tono habitual o incluso uno más suave. Cuando hablas bajito, neutralizas el enfado de la otra persona y ambos empezáis a relacionaros con sensatez.

Evita entrar en discusiones. Dale Carnegie dijo: «Solo hay una manera en este mundo de sacar lo mejor de una discusión: evitarla».

Deja que el cliente cuente toda la historia

Antes de hacer ningún comentario sobre la queja, deja que el cliente te cuente cómo ve la situación.

Aunque reconozcas el problema antes de que el cliente termine de hablar, no interrumpas. Una de las razones es que la situación puede ser más compleja de lo que tú crees, y puedes aprender más escuchando. Otra razón es un importante fenómeno psicológico que hay que tener en cuenta al tratar con personas descontentas —ya sean clientes, empleados, familiares u otros—: a menos que una persona saque de dentro lo que piensa, no escuchará ni una palabra de lo que tú le digas. Los psicólogos lo llaman «catarsis». Deja que la gente se desahogue y entonces estará abierta a lo que tengas que decir. Haz buenas preguntas. Asegúrate de conocer todos los hechos, incluidos los intangibles, como por ejemplo, cómo se sienten con respecto a lo ocurrido.

Pregunta por sus sugerencias

Anima al cliente a exponer sus ideas, haciéndole una pregunta del tipo: «¿Cómo puedo arreglarlo?».

Marge estaba desconcertada. La clienta había exclamado que el electrodoméstico que había comprado no funcionaba bien y que había que demandar a las empresas que vendían productos de tan mala calidad. Señaló que su hijo era abogado, así que no le costaría nada demandar y estaba lo bastante enfadada como para hacerlo. Marge sabía que su empresa quería evitar los litigios, no solo por el coste, sino también por la mala publicidad que suelen generar. Estaba a punto de decir: «Vale, lo aceptaremos, aunque haya expirado el periodo de garantía», pero primero preguntó: «¿Cómo puedo arreglar esto?».

La clienta frenó su diatriba y dijo: «Pues mande a un técnico para que lo arregle». Esto era mucho menos caro que la idea original de Marge de hacer que el cliente devolviera el producto.

Sé empático

Ponte en el lugar del cliente. Intenta pensar lo que él o ella está pensando; siente lo que esa persona está sintiendo. Cuando Josh compró un reproductor de CD, estaba deseando escuchar los nuevos discos que había adquirido. Conectó con cuidado el reproductor a su equipo de música y esperó con alegría oír la música. Entonces... nada. Naturalmente, se sintió decepcionado. Tuvo que correr a por un reemplazo durante la hora de comer y esperar un tiempo que le pareció interminable. Está enfadado. ¿No lo estarías tú? Déjale que despotrique y luego empatiza con él. «Claro que estás enfadado. Yo también lo estaría si me hubiera pasado a mí. Deja que te consiga una unidad nueva inmediatamente y, si puedes dedicarme unos minutos más, la probaré para asegurarme de que está bien».

Si no te gusta la gente en general, hay una forma sencilla de trabajar esa condición: Solo tienes que buscar sus rasgos positivos. Seguro que encuentras alguno.

DALE CARNEGIE

Escucha para encontrar el verdadero problema

Steve estaba furioso. Para cumplir el plazo fijado por su jefe, necesitaba los materiales para esa misma mañana. Había telefoneado al proveedor y le habían asegurado que se los entregarían. Era mediodía y aún no habían llegado. Volvió a llamar. Laura, la representante del servicio de atención al cliente, fue muy profesional. Dejó que le echara la bronca por la ineficacia de su empresa y, en lugar de buscar excusas, le preguntó qué podía hacer en ese mismo momento para ayudarle.

Al principio, exigió la entrega inmediata de los materiales, lo cual no era posible: Solo una parte de los materiales estaba lista para enviar, y la opción más rápida era la entrega al día siguiente.

Escuchando pacientemente, se dio cuenta de que, si podían hacer un envío urgente de parte del pedido, ayudaría a Steve a librarse de la presión de su jefe. Laura se encargó de que alguien le llevara a Steve los materiales que ya estaban listos. La verdadera preocupación de Steve no era el pedido, sino las exigencias de su jefe.

Confrontaciones cara a cara

Como directora del servicio de atención al cliente de una empresa de servicios públicos, Shari no solo supervisaba el departamento, sino que también se ocupaba personalmente de todas las personas conflictivas que llegaban con problemas. Cuando forma a su personal para tratar con clientes iracundos, suele proporcionar estas directrices:

- **Si es posible, haz que el cliente se siente.** Cuando la gente está de pie, es más probable que se muestre beligerante. Estar sentado relaja su cuerpo y, a su vez, abre su mente. Siéntate al lado del cliente, ponte a su mismo nivel. Esto ayuda a establecer una buena relación.

- **Mantén el contacto visual.** El contacto visual puede ayudar a transmitir sinceridad y compasión genuinas.
- **Sonríe.** He aquí algunas sugerencias sobre el arte de sonreír. En primer lugar, debes tener una actitud mental correcta hacia el mundo y su gente. Hasta que no la tengas, no tendrás mucho éxito. Sin embargo, incluso una sonrisa forzada puede hacerte sentir más feliz y desarmar a alguien que se muestra beligerante.

Cuando sonríes a la gente, les estás diciendo de forma sutil que te caen bien, al menos hasta cierto punto. Ellos captarán el significado y te querrán más. Prueba el hábito de sonreír. No tienes nada que perder.

DALE CARNEGIE

- **Mantén la calma.** Si el cliente coge una rabieta cuando no reaccionas, y habla cada vez más fuerte, míralo directamente y dile: «¡Basta!». La mayoría se quedará en silencio. A continuación, antes de que tengan tiempo de reanudar la rabieta, diles en tono tranquilo que tienes tantas ganas como ellos de resolver el problema y procede a hacerles preguntas concretas sobre la situación. Esto debería dar lugar a una discusión seria pero tranquila.
- **Nunca discutas con el cliente.** Escucha paciente y activamente. Parafrasea el deseo del cliente y pregúntale: «¿Es así como lo ves?». A continuación, indica cuál será el siguiente paso.
- **Ten siempre presente que tu objetivo es ayudar a resolver el problema, no machacar al cliente.** No siempre es posible dar a un cliente que se queja todo lo que pide, pero escuchándole atentamente y manejando la situación con diplomacia, puedes hacer que el cliente sienta que la queja

se ha tratado con justicia. Y, lo que es más importante, es más probable que el cliente siga acudiendo a tu organización y hable positivamente de ella.

«El cliente siempre tiene razón». Todos hemos oído o leído este lema, pero en realidad es una verdad a medias. Por supuesto, el cliente no siempre tiene razón —como puede comprobar cualquiera que trate con clientes—, pero es un buen negocio conceder a los clientes el beneficio de la duda y tratar a la mayoría de ellos como si siempre tuvieran razón.

Si el cliente está obviamente equivocado y pide una resolución poco razonable del problema, el representante de ventas o servicios debe convencer diplomáticamente al cliente de que se dé cuenta de lo poco razonable que está siendo, sin hacerle sentir insultado. Los métodos para conseguir que la gente acepte tus ideas que se exponen en el capítulo 6 te ayudarán a convencerles.

Mejorar el servicio

No tenemos ningún control sobre las acciones de los demás, y, cuando tenemos quejas o necesitamos un servicio, a menudo tenemos que tratar con extraños, que pueden o no ser amables y cooperativos. Sin embargo, sí tenemos control sobre la forma de afrontar la situación. Veamos qué puedes hacer para obtener un mejor servicio.

El hombre al que atendían en el mostrador de recambios estaba lívido. Gruñó al empleado de recambios: «El servicio en este departamento es intolerable. He esperado diez minutos mientras usted buscaba en sus archivos para ese otro tipo y ahora ni siquiera encuentra la pieza que necesito». Luego se volvió hacia John, que esperaba pacientemente su turno, y le dijo: «No sé de dónde sacan los encargados últimamente». Cuando el empleado volvió con la información de que la pieza no estaba en stock, el hombre se marchó bruscamente murmurando en voz baja.

Empatiza

John miró al dependiente acosado, sonrió y le dijo: «Debe tener mucha paciencia para manejar un trabajo como el suyo». La tensión desapareció de su rostro. Se irguió un poco más y sus labios apretados se abrieron en una sonrisa. «Algunos días es un trabajo duro», dijo. «Algunos clientes no reconocen que somos seres humanos y que llegamos hasta donde llegamos. Ese tipo fue desagradable desde que entró. A decir verdad, no busqué mucho el artículo que quería».

Las personas que nos atienden en nuestros trabajos, en las tiendas y en las empresas con las que tratamos se enfrentan cada semana a cientos de clientes que les tratan como si fueran máquinas expendedoras en lugar de seres humanos. No hay excusa para que un vendedor o un representante de atención al cliente sea grosero o descortés en el trato con un cliente, pero debemos entender por qué a menudo nos prestan menos atención y servicio del que esperamos.

Rebaja la tensión

Muchos clientes son desconsiderados con los representantes de atención al cliente y exigen atención en lugar de solicitarla. Una reacción común es que estos representantes se pongan a la defensiva y esperen que la mayoría de los clientes se comporten así. Esto se refleja en sus actitudes y en su forma de reaccionar.

Podemos cambiar esto, al menos en nuestras interacciones con los representantes de atención al cliente. Tanto si la persona con la que nos enfrentamos es un dependiente en una tienda, un hombre o una mujer que nos suministra materiales o servicios en nuestros trabajos, o alguien con quien hablamos por teléfono, deberíamos visualizar cómo nos sentiríamos y pensaríamos si estuviéramos en el lugar de esa persona.

Salúdalo con una sonrisa en la cara o en la voz. Tanto si se trata de una consulta preliminar como de aclarar una situación compleja, tómate un minuto para intercambiar comentarios amables. Pero recuerda que son personas ocupadas y no tienen tiempo para largas conversaciones sobre el tiempo, los deportes u otros temas de conversación trivial.

Esto debería reducir cualquier tensión que pueda existir entre vosotros. El representante siente que al menos contigo no habrá problemas.

Lo que menos le gusta a Janet de su trabajo como directora del departamento de Bolsos es atender las quejas de los clientes. Janet habla de clientes que llegan con «un chip determinado». Esperan discusiones y resistencia, así que empiezan con sus propios argumentos y críticas. «A menudo», se queja Janet, «irrumpen en el departamento y empiezan diciendo: "¿Qué clase de mercancía de mala calidad me estáis intentando colar?" Esto me saca de mis casillas». Janet continúa: «Requiere todo mi entrenamiento y disciplina no estallar y argumentar que el producto está bien, es el mal uso que le diste a ese bolso lo que causó el problema y, aunque sé que está mal, a veces hago precisamente eso».

Por supuesto, esto no ayuda ni a la tienda ni al cliente. Si lo que deseas es satisfacción —y no solo una oportunidad para descargar tu ira—, empieza con una afirmación positiva: «Sé que la política de esta tienda es garantizar que el cliente siempre quede satisfecho. Por eso me gusta comprar aquí». Por supuesto, el gerente estará de acuerdo con esta afirmación y se mostrará dispuesto a escuchar tu queja y hacer los ajustes necesarios.

Empezar de forma amistosa

Claudia M. estaba disgustada. Se había gastado varios cientos de dólares en impermeabilizar su sótano y ahora, solo una semana después, el sótano se había vuelto a inundar. Cogió el teléfono dispuesta a pelearse con el contratista y exigirle que solucionara el problema.

Pero antes de marcar, colgó el teléfono y recordó la advertencia de Dale Carnegie: «Empieza de forma amistosa».

Se calmó y cuando llamó por teléfono, empezó comentando el tiempo. «Tom, vaya tormenta que tuvimos anoche. ¿Estabas fuera o en casa cuando cayó?». Hablaron un poco de la tormenta y luego ella dijo: «Me ha entrado agua en el sótano, si estás por esta zona, te agradecería que le echaras un vistazo a ver qué puedes hacer».

Tom vino al día siguiente, examinó la situación y dijo: «Una de las tuberías de la bomba de sumidero que instalé tenía una fuga. Pondré una tubería nueva, y, como ha sido culpa mía, no habrá ningún cargo».

No exijas - Debate

Chuck, el empleado del cuarto de herramientas de Statewide Maintenance Company, se da cuenta de que muchos de los mecánicos de la empresa esperan que siempre tenga a mano las piezas que necesitan. «A menudo», dice, «son artículos especiales que rara vez se piden y lleva tiempo localizarlos, pero me echan la bronca cuando no los tengo enseguida».

Si sabes que puede haber algún problema para encontrar el artículo que buscas, dedica unos minutos a comentar tu problema con el dependiente, no solo le ayudarás a encontrarlo, sino que le harás sentir que realmente te está sirviendo de ayuda. Chuck comentó que, a menudo, cuando un artículo no está disponible, puede sugerir un sustituto que puede funcionar. Las personas como

Chuck están formadas para ayudarte. Todos los seres humanos desean sentirse queridos e importantes. Si puedes animarlos pidiéndoles sus opiniones y sugerencias, no solo es probable que resuelvas el problema con mayor rapidez y eficacia, sino que además reforzarás el sentimiento de autoestima de esa persona. Esto hará que tenga aún más ganas de prestarte un mejor servicio.

Expresa tu agradecimiento

Cuando el dependiente sea especialmente servicial contigo, no dejes de felicitarle y mostrarle tu agradecimiento. A todo el mundo le gusta que le alaben. Sin embargo, debe ser un elogio sincero y, a ser posible, específico. En lugar de decir «Gracias por tu excelente servicio», es más significativo expresarlo así: «La forma en que entendiste el tipo de problema que tenía y fuiste capaz de sugerirme qué piezas necesito para resolverlo demuestra que realmente conoces tu trabajo, y además me ayudó muchísimo. Gracias».

Ponlo por escrito

Cuando Erica P., concertista de piano, revisó el piano que había alquilado para un concierto que iba a dar en Buffalo, Nueva York, no quedó satisfecha con el tono. Llamó a las instalaciones de Steinway y enviaron a un técnico para corregirlo. Pasó más de una hora afinando y ajustando el instrumento hasta que Erica lo aprobó. Después del concierto, Erica escribió una carta a la empresa Steinway agradeciéndoles su excelente servicio y elogiando al técnico por su diligencia y profesionalidad. Puedes estar seguro de que si Erica llama a Steinway en el futuro, recibirá una atención especial.

Ya sea en persona o por teléfono, el trato agradable con la gente nos hace más felices en el día a día. Podemos hacer que incluso esos breves encuentros con quienes nos sirven sean más satisfactorios con solo prestar un poco de atención a sus necesidades humanas. No solo obtendremos un mejor servicio de ellos, sino que la próxima vez que vayamos a esa tienda, llamemos a esa empresa o pidamos ayuda a esa persona, seremos recibidos con la calidez que suele reservarse a los buenos amigos. La alegría que damos a los demás nos es devuelta y hace que nuestras vidas sean más ricas y agradables.

Suma y sigue

Para dar y recibir un mejor servicio, observa estos principios de Dale Carnegie:

- Trata a tus clientes con la misma cordialidad y atención que dispensas a tus invitados en casa.
- Escucha a los clientes atentamente durante toda su explicación, hazles preguntas para aclarar el problema y, a continuación, ofrécete a remediar la situación o deriva al cliente a alguien que pueda hacerlo.
- No dudes en preguntar a los clientes qué puedes hacer para resolver su problema.
- Mantén la calma, por muy alterado que esté el cliente.
- Nunca discutas con un cliente.
- Concede a los clientes el beneficio de la duda, aunque a veces se equivoquen.
- Cuando expreses tu descontento o plantees un problema a un representante del servicio de atención al cliente, empieza de forma amistosa.
- Expresa empatía para demostrar que comprendes los retos a los que a menudo se enfrentan los representantes de atención al cliente.
- Saluda a los encargados de atención al cliente con una sonrisa en la cara o en la voz para reducir proactivamente cualquier tensión.

- No plantees exigencias ni des un ultimátum; en lugar de eso, aborda la situación como un problema que puede resolverse conjuntamente.

- Después de que un encargado del servicio de atención al cliente resuelva un problema, expresa tu agradecimiento, preferiblemente por escrito, al supervisor de ese trabajador o al propietario o director general de la empresa.

10

Dominar tus emociones

«Cuando trates con personas, recuerda que no estás tratando con criaturas de la lógica, sino con criaturas de la emoción». Dale Carnegie lo señaló hace décadas. Hoy en día, los psicólogos han bautizado este concepto como inteligencia emocional (IE). Daniel Goleman, autor de *Inteligencia emocional* (1995) y *Inteligencia emocional en el trabajo* (1998) define la inteligencia emocional como «la capacidad de reconocer nuestros propios sentimientos y los de los demás, de motivarnos y de gestionar bien las emociones en nosotros mismos y en nuestras relaciones».

Las cinco competencias de la inteligencia emocional

Mike Poskey, vicepresidente de ZERORISK HR, Inc., una empresa de gestión de riesgos de recursos humanos con sede en Dallas, identificó cinco competencias de inteligencia emocional que contribuyen al éxito en el lugar de trabajo.

Las dos primeras tratan de cómo gestionamos las relaciones. Las tres últimas tratan de cómo nos gestionamos a nosotros mismos. Son (presentados con permiso de ZERORISK HR.):

1. Intuición y empatía

La intuición y la empatía —nuestra conciencia de los sentimientos, necesidades y retos de los demás— son importantes en nuestro puesto de trabajo por las siguientes razones:

- Nos ayudan a entender los sentimientos y las perspectivas de los demás y a percibir lo que otros necesitan para crecer, desarrollarse y dominar sus puntos fuertes.
- Mejora nuestro servicio al cliente al permitirnos anticipar, reconocer y satisfacer sus necesidades.
- Mejora nuestra sensibilidad y adaptabilidad a la diversidad en el de trabajo.

2. Habilidades sociales y corrección política

Las habilidades sociales y la corrección política hacen referencia a las aptitudes para obtener respuestas deseables de los demás. Esta competencia es importante en el trabajo por las siguientes razones:

- Nos ayuda a comunicarnos con eficacia y a influir y persuadir a los demás enviando mensajes claros y convincentes.
- Mejora nuestra capacidad de liderazgo, de trabajo en equipo y de gestión del cambio, negociación, resolución de conflictos, consenso y colaboración productiva.

3. Autoconocimiento

El autoconocimiento implica conocer y comprender las propias preferencias, recursos e intuiciones. Esta competencia es importante en nuestro puesto de trabajo por las siguientes razones:

- Mejora nuestra capacidad para reconocer nuestras emociones y sus efectos e impacto en quienes nos rodean.
- Nos ayuda a evaluar, comprender y aceptar nuestros puntos fuertes y nuestras limitaciones.
- Aumenta nuestra confianza en nosotros mismos y nuestra autoestima.

4. Autogestión

La capacidad de gestionar eficazmente los propios estados internos, emociones y recursos es importante en el trabajo por las siguientes razones:

- Mejora nuestro autocontrol a través de la gestión de las emociones negativas.
- Aumenta nuestra capacidad de ganarnos la confianza y de rendir cuentas.
- Mejora nuestra flexibilidad y comodidad ante el cambio, las nuevas ideas y la nueva información.

5. Autoexpectativas y motivación

Las autoexpectativas y la motivación son tendencias emocionales que guían o facilitan el proceso de consecución de nuestros objetivos. Esta competencia es importante en nuestro puesto de trabajo por las siguientes razones:

- Nos ayuda a esforzarnos concienzudamente y a comprometernos a alcanzar nuestros niveles de excelencia autoimpuestos.
- Aumenta nuestra capacidad para motivarnos a nosotros mismos y a los demás, y para ser optimistas cuando nos enfrentamos a obstáculos.

- Mejora nuestra capacidad de iniciativa a través de ser personas emprendedoras y con iniciativa propia.

El Cociente de Inteligencia Emocional (EQ)

Al igual que hace tiempo aprendimos a medir la inteligencia, los psicólogos han desarrollado pruebas para medir la capacidad que tiene una persona para reconocer sus comportamientos, estados de ánimo e impulsos, y gestionarlos mejor según la situación. Esta métrica se conoce como cociente de inteligencia emocional (o EQ, por sus siglas en inglés).

Entiende tu estado emocional

Tu estado emocional puede cambiar de un momento a otro. Puede ser muy negativo, neutro o muy positivo. Las emociones pueden desbordarnos hasta el punto de distorsionar nuestro enfoque de una situación e impedirnos alcanzar una resolución lógica, razonable y pragmática.

El ejemplo extremo de esto es la forma en que una persona afectada por un trastorno bipolar, cuyos estados de ánimo oscilan entre la euforia altamente energética y la depresión debilitante, intenta enfrentarse a la realidad. En un estado neutro, o cuando experimentan una depresión o manía leves, funcionan eficazmente; pero, en cualquiera de los dos extremos, se desmoronan, ya sea siendo incapaces de actuar o actuando irracionalmente hasta el punto de ser autodestructivos.

La mayoría de las personas, por supuesto, no padecen esta enfermedad, sino que experimentan periódicamente estados de ánimo que fluctúan en un grado mucho menor. En cualquier caso, las acciones y decisiones no deben basarse en un estado emocional, bueno o malo. El escenario óptimo para resolver los problemas es el término medio.

Por ejemplo, uno de los estados emocionales negativos más devastadores es la ira. Cuando uno está enfadado, lo más probable es que tome medidas que agraven el problema en lugar de resolverlo. Controlar la ira es esencial si deseas no solo resolver el problema inmediato, sino también mantener una relación duradera con la persona o personas implicadas y alcanzar un alto grado de éxito personal o profesional.

Igual de grave es entusiasmarse demasiado con algo y considerar herético cualquier otro enfoque. Mollie G. había desarrollado un método para procesar facturas y estaba absolutamente convencida de que era el único. Se negaba a considerar otros sistemas, incluso cuando las nuevas tecnologías dejaban obsoleto su método. Su apego emocional al método original provocará que su departamento probablemente se quede rezagado.

Cuando odiamos a nuestros enemigos, les estamos dando poder sobre nosotros: El poder sobre nuestro sueño, nuestros apetitos, nuestra presión sanguínea, nuestra salud y nuestra felicidad. Nuestros enemigos bailarían de alegría si supieran cómo nos están preocupando, lacerando y vengándose de nosotros. Nuestro odio no les perjudica en absoluto, pero nuestro odio está convirtiendo nuestros propios días y noches en un torbellino infernal.

DALE CARNEGIE

Cómo afectan las emociones al proceso de contratación

Una de las áreas en las que nuestras emociones pueden anular nuestra inteligencia en el entorno empresarial es el proceso de contratación de las personas que trabajan para nosotros y dirigen el negocio que nos lleva al éxito.

Después de que Joe Wilson fuera rechazado para un puesto de ventas por la empresa Achilles Heel, fue contratado por un competidor directo y se convirtió en el mejor vendedor de su plantilla.

Cuando el director de ventas de Achilles se enteró, preguntó al director de Recursos Humanos por qué había rechazado a una persona que habría hecho un gran trabajo para ellos. Su respuesta: «Supongo que fue porque llevaba pajarita».

¿A cuántas personas altamente cualificadas has dejado ir por culpa de prejuicios conscientes o subconscientes? Hoy en día, la mayoría de los supervisores y responsables de personal son conscientes de la ilegalidad de los prejuicios debidos a la raza, la religión, la nacionalidad, la edad, el sexo y la discapacidad, pero no son las únicas formas de prejuicio.

La palabra «sesgo» significa inclinación. Al contratar o tratar con personas en el trabajo, tendemos a inclinarnos por las personas que se ajustan a nuestras nociones preconcebidas de lo que hará o no que una persona tenga éxito en un determinado puesto. A menudo, estas ideas preconcebidas son erróneas: Se basan en conceptos que no se sostienen necesariamente cuando se examinan con detenimiento. La palabra «prejuicio» significa juicio previo. La decisión se toma sobre la base de alguna característica superficial antes de realizar una evaluación real de las cualificaciones.

A veces rechazamos a la gente por una característica personal concreta que nos molesta.

Recuerda que lo que molesta a una persona, como la pajarita de Joe, no tiene por qué molestar a otras y, de hecho, puede resultarles atractivo.

Apariencia

El aspecto físico es probablemente el blanco más común de los prejuicios. Hay un viejo dicho en el campo de la gestión de personal que dice que la decisión de contratar se toma a menudo en los primeros diez segundos de la entrevista. Por supuesto, la pulcritud y el buen aseo deben ser un factor a tener en cuenta; sin embargo, lo que predomina es la buena apariencia.

Aunque puede ser agradable tener mujeres guapas y hombres guapos trabajando para uno, no hay correlación entre la belleza física y el rendimiento laboral. El sesgo a favor de la belleza física ha costado a las empresas trabajadores altamente cualificados.

Stanford S., vicepresidente de Marketing de su empresa, buscaba un investigador de marketing de alto nivel. Karen G., consultora de una agencia de empleo, estaba bloqueada. Nadie de los que ella le había recomendado le gustaba. Había recomendado a varias personas muy cualificadas y todas habían sido rechazadas. Cuando preguntaba por qué, Stan solo le respondía que no encajaban. Como todos sus contactos con Stan habían sido por teléfono, decidió visitar su oficina y discutir la situación en persona.

Nada más entrar supo la respuesta. Stan medía poco más de metro y medio. Todos sus candidatos eran más altos que él. Sus prejuicios contra las personas altas le impedían contratar a candidatos muy cualificados.

Gente como tú

Los prejuicios no se basan solo en el aspecto físico o la forma de vestir de una persona, sino que el origen, la escolarización y muchas otras características desempeñan un papel importante. Las personas tienden a sentirse más cómodas con gente como ellas mismas. Tendemos a estar predispuestos a favor de las personas que tienen antecedentes similares, que asistieron a la misma escuela o incluso que viven en la misma comunidad.

El presidente de un banco de Grand Rapids, Michigan, era licenciado por la Michigan State University y, por extraña coincidencia, la mayoría de las personas a las que contrataba o ascendía personalmente eran antiguos alumnos de la MSU.

Ocasionalmente, una persona excepcionalmente competente de otra escuela podía ser promovida a un puesto directivo, pero nunca de la archirrival de la MSU, la Universidad de Michigan. A primera vista, esto puede parecer sensato. Al fin y al cabo, las personas que trabajan juntas deben ser compatibles. Pero convertir este factor en el principal puede eliminar a personas con gran potencial que, de otro modo, podrían contribuir significativamente al éxito de la empresa.

El efecto halo

Los prejuicios también pueden basarse en el «efecto halo»: una persona tiene una característica sobresaliente que nos hace suponer que debe ser excelente en otras áreas. Lisa A., directora regional de minoristas asociados, quedó muy impresionada con Marjorie M., una aspirante a directora de la nueva tienda que su empresa estaba a punto de abrir. Lo más impresionante fue el libro de presentación que llevó a la entrevista. En él llevaba copias de notas e impresiones de las actividades de su tienda anterior.

Lisa pensó que una persona que podía manejar tantos detalles y hablar de ellos con tanta fluidez haría un buen trabajo. Esto se vio reforzado cuando Marjorie le envió una propuesta de plan para poner en marcha la nueva tienda.

Sin embargo, una vez que Marjorie se incorporó al trabajo, se hizo evidente que dedicaba gran parte de su tiempo a elaborar planes y redactar informes y muy poco a ponerlos en práctica. Si Lisa hubiera profundizado en los antecedentes de Marjorie, habría descubierto que siempre había sido así. El excesivo énfasis que Lisa puso en este factor le impidió realizar una entrevista exhaustiva.

«No son prejuicios, son hechos»

Jack J. estaba molesto: «Es un hecho: Hay que ser guapo para tener éxito en las ventas. La gente juzga un libro por su portada.

Los compradores son más propensos a pasar tiempo con una persona de aspecto impresionante. Rechazan a los sencillos».

Sin embargo, cuando le pidieron a Jack que comparara los resultados de sus vendedores con los de otros directivos que no daban tanta importancia al aspecto, se dio cuenta de que su «hecho» no era tal. El mejor vendedor de la empresa era un hombre al que Jack nunca habría contratado porque no tenía un aspecto especialmente impresionante. Su jefe señaló que, a menudo, las personas menos atractivas compensan su falta de atractivo trabajando más duro y de forma más inteligente que sus competidores más guapos.

Descubrir tus propios prejuicios

Como muchos prejuicios son subconscientes, muchos de nosotros no nos damos cuenta de cuáles son.

La mayoría de la gente acepta el hecho de que el juicio debe basarse en todos los antecedentes de la persona. Sin embargo, los prejuicios son emocionales, no lógicos. Solo mediante un cuidadoso autoanálisis podemos ser conscientes de ellos.

Para ello, revisa las vacantes que has cubierto —ya sea por contratación o promoción— durante el último año. Fíjate en las personas que has elegido. ¿Tienen alguna característica especial en común? ¿Apariencia similar? ¿Misma escuela? ¿Mismo origen étnico?

Presta especial atención a los candidatos rechazados, sobre todo a los que no pasaron de la primera entrevista o consideración. ¿Realmente no estaban cualificados? ¿Tenían algo que no pudiste definir pero que no te gustó? Si es así, ¿podría haber sido una buena intuición o (sé sincero contigo mismo) se te notaban los prejuicios?

La inteligencia emocional puede mejorarse

Hay Group, una consultora de recursos humanos, llevó a cabo un estudio en cuarenta y cuatro empresas de la lista *Fortune 500* en el que descubrió que los vendedores con una alta inteligencia emocional producían el doble de ingresos que los que tenían una puntuación media o inferior a la media.

En otro estudio, los programadores técnicos que demostraban el diez por ciento superior de competencia en inteligencia emocional desarrollaban software tres veces más rápido que los que tenían una competencia inferior.

Un estudio reciente realizado por una empresa de Dallas descubrió que la productividad de sus empleados con puntuaciones altas de inteligencia emocional era veinte veces mayor que la de aquellos con puntuaciones bajas.

Otro estudio realizado en el sector de la construcción mostró que los trabajadores con poca inteligencia emocional tenían más probabilidades de lesionarse en el trabajo.

Aquí tienes algunos consejos sobre lo que puedes hacer para aumentar tu inteligencia emocional:

- Identifica la emoción y lo que te ha hecho sentir así. Puedes hacerlo tú mismo siendo consciente de ello y gestionar esa emoción de forma más eficaz mediante la determinación, la meditación y el asesoramiento. Existen programas que te ayudan a afrontar emociones negativas como la ira o la depresión.
- Comunica lo que sientes con calma. Mantén un tono ecuánime cuando te enfrentes a tus oponentes. Discute la situación de forma tranquila y sistemática.
- No permitas que tus emociones se enconen. Si no puedes resolver la situación, tómate un descanso. Piensa en otros asuntos. Cuando reanudes la consideración del problema, lo afrontarás con más calma.
- Afronta los problemas preguntándote: «¿Qué es lo peor que puede pasar?». Acepta lo peor e intenta mejorar la situación.

- Cuando surja una situación emocional, pregúntate:
  - ¿Cuál es la emoción?
  - ¿Cuáles son las causas de la emoción?
  - ¿Cuáles son las posibles reacciones?
  - ¿Cuál es la reacción más sensata?
- No guardes rencor ni pierdas el tiempo intentando vengarte.
- Evita los cambios de humor. Actúa con coherencia en diversas circunstancias para generar confianza.
- Elimina el estrés poniendo orden en tu casa: No dejes que las cosas se acumulen. Una mente ordenada puede afrontar los problemas de forma lógica y no emocional.
- Elige tus batallas: Mantén la perspectiva adecuada y no te preocupes por nimiedades.
- Coopera con lo inevitable: No te preocupes por el pasado, sino por el futuro.
- Da gracias por lo que tienes. Concéntrate en las cosas buenas de tu vida y las desagradables caerán en el olvido.
- Mantente sano comiendo bien, haciendo ejercicio y durmiendo lo suficiente. *Mens sana in corpore sano* es una famosa cita latina, a menudo traducida como «Una mente sana en un cuerpo sano». Es menos probable que te dejes llevar por vaivenes emocionales si estás sano.
- Socializa con gente positiva. Las emociones son contagiosas. Si nos rodean personas cuyas emociones rigen sus acciones, es probable que nosotros hagamos lo mismo. La gente positiva mira su vida con lógica. Si te rodeas de hombres y mujeres así, te «contagiarás» de su mentalidad.

He aquí un pensamiento para llevarnos con nosotros: Olvidemos todo lo que despierta rencor, desconfianza y falta de amabilidad en nuestra mente. En cualquier momento, puedes adoptar la práctica de olvidar un agravio. ¿Cómo? No dejes que te pase por la cabeza. Si solo tienes pensamientos

amables, generosos, felices y saludables, es imposible que el
rencor tenga cabida en tu mente, y tu vida estará llena de
satisfacción.

DALE CARNEGIE

Suma y sigue

¿Tus emociones anulan la lógica en el trato con tus compañeros de trabajo o en tus interacciones con otras personas? Puedes mejorar tu inteligencia emocional evaluando cómo actúas y reaccionas en estas interrelaciones y adoptar medidas para tomar las riendas de tu vida:

- Domina estas cinco competencias emocionales:
    1. Intuición y empatía: Conciencia de los sentimientos, necesidades y retos de los demás.
    2. Habilidades sociales y corrección política: Para obtener respuestas deseables de los demás.
    3. Autoconocimiento: Conocer y comprender las propias preferencias, recursos e intuiciones.
    4. Autogestión: Capacidad de gestionar eficazmente los estados internos, las emociones y los recursos propios.
    5. Autoexpectativas y motivación: Tendencias emocionales que guían o facilitan el proceso de consecución de nuestros objetivos.
- Tu cociente de inteligencia emocional (EQ) es la medida de tu capacidad para reconocer tus comportamientos, estados de ánimo e impulsos y gestionarlos eficazmente en cualquier situación.
- Permitir que las emociones gobiernen nuestra elección de a quién contratamos puede impedirnos contratar a los

candidatos más cualificados como resultado de sesgos comunes que centran nuestra atención estrechamente en atributos como los siguientes:
  - Apariencia
  - Gente como nosotros
  - El «efecto halo»
- Podemos superar nuestros propios prejuicios de contratación tomando conciencia de ellos mediante el autoanálisis.
- Para mejorar tu inteligencia emocional, sigue estas sugerencias:
  - Identifica cualquier emoción que te haga comportarte de forma contraproducente y su causa, para poder controlarla.
  - Comunica lo que sientes con calma.
  - No permitas que tus emociones se enconen.
  - Afronta los problemas preguntándote: «¿Qué es lo peor que puede pasar?» Acepta lo peor e intenta mejorar la situación.
  - Cuando surja una situación emocional, pregúntate: ¿Cuál es la emoción? ¿Cuáles son las causas de la emoción? ¿Cuáles son las posibles reacciones? ¿Cuál es la reacción más sensata?
  - No guardes rencor ni pierdas el tiempo intentando vengarte.
  - Evita los cambios de humor.
  - Elimina el estrés poniendo orden en su casa.
  - Elige tus batallas.
  - Coopera con lo inevitable.
  - Da gracias por lo que tienes.
  - Mantente sano comiendo bien, haciendo ejercicio y durmiendo lo suficiente.
  - Socializa con gente positiva.

Apéndice A:
Acerca de Dale Carnegie
& Associates, Inc.

Fundada en 1912, la formación Dale Carnegie ha evolucionado desde la creencia de un hombre en el poder de la superación personal hasta convertirse en una empresa de formación basada en el rendimiento con oficinas en todo el mundo. Se centra en dar a la gente del mundo de los negocios la oportunidad de perfeccionar sus habilidades y mejorar su rendimiento para construir resultados positivos, constantes y rentables.

El cuerpo de conocimientos original de Dale Carnegie se ha actualizado, ampliado y perfeccionado constantemente a lo largo de casi un siglo de experiencias empresariales reales. Las ciento sesenta franquicias Dale Carnegie en todo el mundo utilizan sus servicios de formación y consultoría con empresas de todos los tamaños y en todos los segmentos empresariales para aumentar los conocimientos y el rendimiento. El resultado de esta experiencia colectiva y global es una reserva cada vez mayor de perspicacia empresarial en la que confían nuestros clientes para impulsar los resultados empresariales.

Con sede en Hauppauge, Nueva York, la formación Dale Carnegie está representada en los cincuenta estados de Estados Unidos y en más de setenta y cinco países. Más de dos mil setecientos instructores presentan los programas de formación Dale Carnegie en más de veinticinco idiomas. La formación Dale Carnegie

.iedica a servir a la comunidad empresarial de todo el mundo. De hecho, aproximadamente siete millones de personas han completado la formación Dale Carnegie.

La formación Dale Carnegie hace hincapié en principios y procesos prácticos mediante el diseño de programas que ofrecen a las personas los conocimientos, habilidades y prácticas que necesitan para añadir valor a la empresa. Conectando soluciones probadas con retos del mundo real, la formación Dale Carnegie es reconocida internacionalmente como líder en sacar lo mejor de las personas.

Entre los graduados de estos programas se encuentran directores generales de grandes empresas, propietarios y gerentes de empresas de todos los tamaños y de todas las actividades comerciales e industriales, líderes legislativos y ejecutivos de gobiernos e innumerables personas cuyas vidas se han visto enriquecidas por la experiencia.

En una encuesta mundial continua sobre satisfacción del cliente, el 99 % de los graduados en formación Dale Carnegie expresan su satisfacción con la formación recibida.

Apéndice B:
Los principios
de Dale Carnegie

Conviértete en una persona más amigable

1. No critiques, condenes ni te quejes.
2. Da un agradecimiento honesto y sincero.
3. Despierta en la otra persona un deseo genuino.
4. Interésate de verdad por los demás.
5. Sonríe.
6. Recuerda que el nombre de una persona es para ella el sonido más dulce en cualquier idioma.
7. Sé un buen oyente. Anima a los demás a hablar de sí mismos.
8. Habla en términos de los intereses de la otra persona.
9. Haz que la otra persona se sienta importante, y hazlo con sinceridad.
10. Para sacar lo mejor de una discusión, evítala.
11. Muestra respeto por la opinión de la otra persona. Nunca le digas a una persona que está equivocada.
12. Si te equivocas, reconócelo rápidamente y con rotundidad.
13. Empieza de forma amistosa.
14. Consigue que la otra persona diga «Sí» inmediatamente.
15. Deja que la otra persona hable mucho.
16. Deja que la otra persona sienta que la idea es suya.

17. Intenta ver las cosas desde el punto de vista de la otra persona de manera honesta.
18. Sé comprensivo con las ideas y deseos de la otra persona.
19. Apelar a sus motivaciones más nobles.
20. Dramatiza tus ideas.
21. Lanza un reto.
22. Empieza con elogios y agradecimiento sincero.
23. Llama la atención sobre los errores de la gente de forma indirecta.
24. Habla de tus propios errores antes de criticar a la otra persona.
25. Haz preguntas en lugar de dar órdenes directas.
26. Deja que la otra persona salve las apariencias.
27. Elogia la más mínima mejora y alaba toda mejora. Sé «sincero en tu aprobación y pródigo en tu alabanza».
28. Dale a la otra persona una buena reputación a la que estar a la altura.
29. Utiliza el estímulo. Haz que la falta parezca fácil de corregir.
30. Haz que la otra persona se alegre de hacer lo que le sugieres.

Principios fundamentales para superar la preocupación

1. Vivir en «compartimentos del día a día».
2. Cómo afrontar los problemas:
   - Pregúntate: «¿Qué es lo peor que puede pasar?»
   - Prepárate para aceptar lo peor.
   - Intenta mejorar lo peor.
3. Recuérdate a ti mismo el precio desorbitado que puedes pagar por preocuparte en términos de salud.

Técnicas básicas para analizar la preocupación

1. Conoce todos los hechos.
2. Sopesa todos los hechos y toma una decisión.
3. Una vez tomada la decisión, ¡actúa!
4. Escribe y responde a las siguientes preguntas:
   - ¿Cuál es el problema?
   - ¿Cuáles son las causas del problema?
   - ¿Cuáles son las posibles soluciones?
   - ¿Cuál es la mejor solución posible?

Rompe el hábito de la preocupación antes de que te rompa a ti

1. Mantente ocupado.
2. No te preocupes por nimiedades.
3. Utiliza la ley de los promedios para reprimir tus preocupaciones.
4. Coopera con lo inevitable.
5. Decide cuánta ansiedad puede valer una cosa y niégate a darle más.
6. No te preocupes por el pasado.

Cultiva una actitud mental que te traiga paz y felicidad

1. Llena tu mente de pensamientos de paz, valor, salud y esperanza.
2. Nunca intentes vengarte de tus enemigos.
3. Espera ingratitud.
4. Da gracias por lo que tienes.

5. No imites a los demás.
6. Intenta sacar provecho de tus pérdidas.
7. Crea felicidad para los demás.